Michael J. Plos

Alles, was Sie über Daytrading wissen müssen

TITEL DER SIMPLIFIED-BUCHREIHE

Matthias von Arnim
Erfolgreich mit Aktien – simplified

Herbert Autengruber
Aktienfonds für jedes Anlageziel – simplified

Holger Bengs, Mike Bayer
Investieren in Biotechnologie – simplified

Lawrence A. Cunningham
Value Investing – simplified

Pierre M. Daeubner
Alles was Sie über Technische Analyse wissen müssen – simplified

Ed Downs
Die besten Chartmuster – simplified

Christian Eck/Marcel Langer/Matthias Riechert
Eurex – simplified

Heinrich Eibl
ETFs – simplified

Horst Fugger
Börsen-Lexikon – simplified

Horst Fugger
Derivate-Lexikon – simplified

Markus Gunter
Erfolgreich mit Investmentfonds – simplified

Walter Hubel
Mehr Geld im Alter – simplified

Markus Jordan
Zertifikate – simplified

Jay Kaeppel
Die 4 größten Fehler beim Handel mit Optionen – simplified

Dennis Metz
Devisenhandel – simplified

Markus Miller
Abgeltungssteuer – nein danke! – simplified

David Morgan
Insiderwissen: Silber – simplified

John J. Murphy
Charttechnik leicht gemacht – simplified

Oliver Paesler
Technische Indikatoren – simplified

Melvin Pasternak
Die 21 wichtigsten Candlestick-Formationen – simplified

Richard Pfadenhauer
Alles, was Sie über Derivate wissen müssen – simplified

Michael J. Plos
Daytrading – simplified

Georg Pröbstl
Die besten Dividendenstrategien – simplified

Michael Proffe
Die besten Trendfolgestrategien – simplified

Udo Rettberg
Rohstoffe – simplified

Stefan Riße
CFDs – simplified

Raimund Schriek
Besser mit Behavioral Finance – simplified

Holger Scholze
Hebelprodukte – simplified

Antonio Sommese
Die richtige Finanzplanung – simplified

Daniel Wilhelmi
Emerging Markets – simplified

Michael J. Plos

Alles, was Sie über DAY TRADING wissen müssen

FinanzBuch Verlag

simplified

Gesamtbearbeitung: Druckerei Joh. Walch
Lektorat: Bettina Gawron
Druck: Konrad Triltsch, Ochsenfurt

1. Auflage 2009

Nymphenburger Straße 86
80636 München
Tel. 089 651285-0
Fax 089 652096
info@finanzbuchverlag.de

Den Autor erreichen Sie unter:
plos@finanzbuchverlag.de

Bibliografische Information der Deutschen Bibliothek: Die Deutsche Bibliothek verzeichnet diese Publikation in der Deutschen Nationalbibliografie; detaillierte bibliografische Daten sind im Internet über **http://dnb.ddb.de** abrufbar.

ISBN: 978-3-89879-298-1

simplified

Inhalt

simplified

DIE SIMPLIFIED-BUCHREIHE
WWW.SIMPLIFIED.DE

EINE ZUSAMMENARBEIT VON FINANZBUCH VERLAG UND INVESTOR VERLAG

simplified

Danksagung

Ich möchte mich auf diesem Weg gleich bei einer Reihe von Menschen bedanken, ohne die dieses Buch niemals Realität geworden wäre. Mein besonderer Dank gilt dabei Pierre M. Daeubner. Er war für mich lange Zeit eine Art Mentor und ist dies noch. Auch wenn wir schon sehr lange Zeit zusammen arbeiten, schafft er es doch regelmäßig, mich durch seine unfassbare Kreativität und seine positive Besessenheit zum Weiterdenken zu animieren. Ich verdanke ihm sehr viel in meinem Leben, im Speziellen möchte ich ihm jedoch für seine Unterstützung bei der Umsetzung dieses Buchs und für seine private Freundschaft danken.

Ein weiteres großes Dankeschön geht an das Team des Finanzbuchverlags. Zum einen möchte ich mich beim Verleger Christian Jund bedanken, der es mir ermöglicht hat, dieses Buch zu schreiben, und der mir sehr viel Verständnis entgegen gebracht hat. Mein weiterer Dank gilt Stefan Schörner und Kent Gärtner, die starke Nerven in der Zusammenarbeit mit mir bewiesen haben. Natürlich möchte ich mich auch bei allen anderen Mitarbeitern des Finanzbuchverlags bedanken, die ich jetzt nicht genannt habe.

Ich möchte mich aber auch noch bei Erwin und Viola bedanken. Auch wenn es für Euch beide nicht ganz fassbar ist, was es eigentlich mit der ganzen Thematik auf sich hat, habt ihr mich immer ohne zu zögern unterstützt und an mich geglaubt. Das bedeutet mir ungemein viel.

Mein weiterer Dank gilt dem Team von TeleTrader, allen voran Herrn Gerald Tomez. Er hat mir die Analysesoftware zur Verfügung gestellt, mit der sämtliche Charts in diesem Buch entstanden sind und hatte immer ein offenes Ohr für mich.

Am Ende möchte ich mich noch bei meinen Eltern und meiner Schwester Caroline bedanken, die mich immer in dem unterstützt haben, was ich in meinem Leben getan habe.

Vorwort

Als ich damit begann, meine Gedanken zu sammeln, um eine Struktur zu entwerfen, die dem Titel „Alles, was Sie über Day Trading wissen müssen« gerecht wird, stand ich vor einem kleinen Problem. Meine Aufgabe bestand darin, möglichst kompakt die wichtigsten Themen in Bezug auf Day Trading zu umreißen. Zunächst habe ich mich deshalb der eigentlichen Frage gewidmet, was Day Trading denn eigentlich ist und wie es sich von anderen Investmentstilen abgrenzt.

Mit dieser Information gerüstet, konnte ich mich dann den folgenden Kapiteln widmen. Diese sind anfangs chronologisch geordnet. Zunächst geht es also darum, sich auf das Marktgeschehen vorzubereiten, danach um den eigentlichen Handelstag und danach um die Nachbereitung. Interessanterweise spielen die Marktvorbereitung und die Marktnachbereitung eine ebensogroße und wichtige Rolle wie die Handlungen am eigentlichen Handelstag. Diese hängen nämlich von der Qualität der Arbeit zwischen den Handelszeiten ab.

Zu einem Day Trading auf professionellem Niveau gehört auch ein professionelles Umfeld. Das beginnt bei der Hardware, führt zur Software und schließlich zur Wahl des „richtigen« Brokers. Das erste Kriterium für all diese Dinge ist oft das monetäre. Schließlich arbeitet man als Trader ja mit Geld, und versucht unnötige Ausgaben zu vermeiden. Die Betonung liegt jedoch auf „unnötig«. Denn wie unnötig sind die Ausgaben für einen eigenen Trading-PC, wenn man dadurch sicher gehen kann von potenziell großen Verlusten verschont zu bleiben? Im Grunde genommen bedeutet ein professionelles Umfeld nicht mehr, als sich möglichst gut auf alle Eventualitäten vorbereitet zu haben. Diese Eventualitäten treten zwar nur selten auf, aber sie treten auf.

Beim Day Trading handelt es sich um einen Anlagestil mit sehr kurzem Zeithorizont. Dies macht die Signalgenerierung aufgrund makroökonomischer Daten bzw. unternehmensinterner Zahlen sehr schwierig. Der

Fokus liegt daher auf der Technischen Analyse. Das bedeutet zwar nicht, dass Fundamentaldaten nicht in das Trading integriert werden, dass werden sie sehr wohl, die aktive Entscheidung eine Position zu eröffnen wird jedoch aufgrund technischer Fakten getroffen. Hierbei sind nicht nur Chartformationen gefragt, sondern auch Indikatoren. Ich habe mich dazu entschlossen, wichtige technische Indikatoren beim Daytrading vorzustellen. Natürlich handelt es sich dabei um eine subjektive Einschätzung, es wird also durchaus der Fall eintreten, dass Sie den einen oder anderen Indikator vermissen werden.

Opportunitätskosten sind ein ganz elementarer Bestandteil beim Day Trading. Wer es schafft, diese auf ein Minimum zu reduzieren, der ist auf einem sehr guten Weg. Ich habe mich dabei der Problematik der Anfängerfehler in einem ganzen Kapitel gewidmet und bin auf die spezifischen Feinheiten in Bezug auf Day Trading eingegangen. Natürlich ist es nicht möglich alle Fehler aufzulisten, denn die Fehler, die der eine macht, sind bei einem anderen kein Thema. Es gibt aber immer wieder auftretende Fehler, die quer durch die Tradinglandschaft vorkommen.

Ein zum Glück immer mehr in den Vordergrund tretendes Thema beim Trading bzw. Investieren ist Money Management. Ich persönlich bin von der Idee der R-Vielfachen, die von Van K. Tharp im deutschsprachigen Raum populär gemacht wurd, sehr angetan. Wenn Sie jetzt keine Ahnung haben, worum es sich dabei handelt, dann ist das kein Problem. Ich fasse den Sachverhalt noch einmal zusammen. Interessanterweise gibt es durchaus signifikante Unterschiede was die Performance betrifft, ganz abhängig davon, ob man ein statisches oder ein dynamisches R-Vielfaches verwendet. Welche Unterschiede das sind, wird im Kapitel über Money Management geklärt. Nur so viel: Wer seine Trefferquote gut kennt, der kann auch den Kapitaleinsatz optimieren.

Und auch die psychologische Komponente darf nicht vergessen werden. Auch hier treten quer durch die gesamte Trading-Gesellschaft immer wieder dieselben Phänomene auf. Ich behandle im Kapitel über Psychologie die meiner Meinung nach wichtigsten davon und gehe dabei auf die spezifischen Eigenheiten in Bezug auf Day Trading ein.

Zu guter letzt möchte ich Ihnen beim Lesen von „Alles was Sie über Daytrading wissen müssen« noch viel Spaß und noch mehr Erkenntnisse für Ihre eigenes Trading wünschen. Ich persönlich hatte beim Schreiben viel Spaß und habe dabei auch Erkenntnisse gesammelt.

Michael J. Plos
am 31. Januar 2008

simplified

1 Was ist Daytrading?

Dieses Buch trägt den Namen „Alles was Sie über Daytrading wissen müssen« – und das nicht ohne Grund. Zunächst wollen wir uns jedoch dem Begriff Daytrading widmen, um diesen zu spezifizieren und von anderen abzugrenzen. Viele Markteilnehmer bezeichnen sich gerne als Trader, und das oftmals auch zu Recht. Nichtsdestoweniger geht es hier darum Daytrader zu sein – das sind die meisten nämlich nicht.

Die verschiedenen Anlagestile

Wenn man jemand fragt, welchen Anlagestil er verfolgt, dann fühlen sich die meisten darauf angesprochen, ob sie nun einen fundamentalen oder technischen Stil pflegen. Dabei ist die Einteilung weniger auf die Analysemethode zurückzuführen, sondern viel mehr auf den Anlagehorizont. Grundsätzlich unterteilen sich die Marktteilnehmer in fünf verschiedene Gruppen. Diese Gruppen umfassen Scalper, Daytrader, Swingtrader, Positiontrader und Langzeitinvestoren. Nach und nach werden wir uns nun den verschiedenen Stilen widmen und dabei versuchen, eine eindeutige Unterscheidung zu finden.

Scalper – die ultrakurzfristigen Trader

Scalper (englisch: to scalp – skalpieren) versuchen von minimalen Kursbewegungen zu profitieren. Wer schon einmal getradet hat weiß, dass je kürzer das Zeitfenster (und damit einhergehend – je größer die Positionsgröße), desto wichtiger der Spread (Differenz zwischen Geld- und Briefkurs). Geht man eine Position ein, dann muss die eigene Position erst einmal ein wenig in die gewünschte Richtung laufen, bevor man überhaupt den Break-Even erreicht hat. Grundsätzlich beginnt man also mit jeder Position im Minus. Wie ist es als Scalper nun also möglich mit dieser Strategie nachhaltig Gewinne zu machen? Die Antwort ist relativ einfach. Scalper traden in der Regel als Mitglieder an der Börse auf dem Parkett (es handelt sich hierbei um so genannte Floortrader). Da sie direkt vor Ort sind und auf eigene Rechnung handeln, ist es ihnen möglich, einen gewissen Wissensvorsprung (aufgrund der schnelleren/früheren Informationszustellung) profitabel handeln zu können. Wir haben ja bereits von Transaktionskosten gesprochen. Diese ersparen sich Scalper, wenn sie Mitglieder der Börse sind. Es ist ihnen also möglich, minimale Kursbewegungen (mitunter 1 Tick) gewinnbringend zu nutzen. Scalper bevorzugen den Handel mit Terminkontrakten und traden meistens sehr große Positionen. Somit können sie auch von sehr kleinen Kursbewegungen profitieren. Aufgrund ihrer hohen Handelsfrequenz tragen Scalper nicht unwesentlich zur Liquidität an gewissen Märkten bei.

Daytrader – ein 9 to 5 Job?

Daytrader sind – ebenso wie die Scalper – sehr kurzfristig orientierte Anleger. Man bezeichnet sie auch gerne als Spekulanten. Ob diese Bezeichnung gerechtfertigt ist, oder nicht, werden wir an späterer Stelle klären. Für gewöhnlich halten Daytrader am Anfang und Ende jedes Handelstages keine offenen Positionen. Da das Risiko der Bildung von Kurslücken (Gaps) sehr groß ist, Daytrader oftmals jedoch überproportional große Position halten, ist das auch nicht ratsam. Daytrader handeln also zwischen Markteröffnung und Marktschließung eines bestimmten Handelstages. Innerhalb dieser Zeitspanne können sich immer wieder interessante Möglichkeiten ergeben. Das Handeln von Gaps kann mitunter sehr viel versprechend sein. Wichtig ist in diesem Zusammenhang, dass man agiert und nicht zum reagieren gezwungen ist. Deshalb ist es ratsam, eine Position erst dann aufzubauen, wenn das Gap bereits gebildet wurde, nicht jedoch zu reagieren, wen man eine Position über Nacht gehalten hat, und nun plötzlich vor einen unvorhergesehenem Problem steht. Da Daytrader in den meisten Fällen keine Zugehörigkeit zu gewissen Börsen haben, sind sie Transaktionskosten bzw. Spreads am stärksten ausgesetzt. Dies wird durch die hohe Handelsfrequenz bedingt. Daytrader haben somit in den letzten Jahren auch am stärksten vom Onlinehandel – und damit verbunden stark gesunkenen Transaktionskosten profitiert.

Swingtrader – Das Tages- und Wochengeschäft

Bei Swingtrader handelt es sich um die nächst höhere Zeitebene. Swingtrader versuchen Bewegungen mitzunehmen, die mehrere Tage bzw. Wochen andauern. Sie fußen ihre Investitionsentscheidungen meistens auf Tagesanalysen. Mit diesen Tagescharts versuchen sie die übergeordnete Trendrichtung zu identifizieren und diesem dann zu folgen. Das Timing erfolgt jedoch eine Zeitebene darunter, oftmals am 60-Minutenchart. Natürlich gibt es auch in der Gruppe der Swingtrader antizyklisch agierende Mitglieder. Nichtsdestotrotz versuchen diese den übergeordneten Trend zu identifizieren, und sich, wenn die Chance gerade attraktiv ist, bewusst gegen den Trend zu stellen. Als Swingtrader versucht man – wie der Name schon sagt – Swings mitzunehmen. Dies wird zum Drahtseilakt zwischen dem Bestimmen des richtigen Kursziels (was tun, wenn dieses erreicht wird?) und der Bestimmung des richtigen Stop-Loss (wann ist ein Stopp zu eng – wann zu weit gewählt?). Aufgrund der mitunter wochenlangen Haltedauer beim Swingtrading passiert es durchaus, dass man eine starke emotionale Bindung zu einem Trade aufbaut. Dies führt in den meisten Fällen zu schlechten Entscheidungen aufgrund von Undiszipliniertheiten.

Positiontrader – darf es ein bisschen mehr sein?

Positiontrader sind Swingtradern grundsätzlich ziemlich ähnlich. Lediglich ihr Anlagehorizont ist ein längerer. Sie halten Positionen meistens mehrere Wochen bis Monate. Läuft ein Investment gut, dann kann es durchaus auch einmal über 12 Monate gehalten werden, was in der Regel steuerliche Vorteile mit sich bringt. Wie bereits erwähnt, orientieren sich Positiontrader an langfristigeren Charts als Swingtrader. Sie beobachten meist die Entwicklung am Wochenchart. Erkennen Sie ein interessantes Setup, dann holen sie zusätzlich Informationen am Tageschart ein, um einen eventuellen Einstieg zu timen. Beim Positiontrading fließen oftmals auch fundamentale Betrachtungen in die Entscheidungsfindung ein. Dies wiederum führt dazu, dass Short-Investments bei Positiontradern eher eine untergeordnete Regel einnehmen. Und auch die Transaktionskosten, vor allem aber die Spreads nehmen hier eine untergeordnete Rolle ein.

Langzeitinvestoren – Warren Buffet & Co.

Sie werden sich bestimmt fragen, was Warren Buffet in einem Buch über Daytrading verloren hat – und das zu Recht. Allerdings dürfen wir bei einer Auflistung der verschiedenen Anlagestile nicht die Langzeitinvestoren vergessen. Diese bedienen sich fast ausschließlich der Fundamentalen Analyse, treffen ihre Entscheidungen also aufgrund von Zahlen und Fakten, sowie ihren eigenen Erfahrungen. Wie man sich vorstellen kann, ist die Handelsfrequenz bei diesen Marktteilnehmern eine sehr geringe. Da sie jedoch oft große Kapitalmengen bewegen, können sie dennoch sehr gut davon leben. Stärker als jede andere Anlegergruppe sind Langzeitinvestoren von den vorherrschenden Zyklen abhängig. Geht es mit den Börsen bergauf, dann verdienen Investoren viel Geld. Befindet sich der Markt jedoch in einem Abwärtstrend, ist es für Langzeitinvestoren sehr schwierig profitabel zu sein.

In der folgenden Matrix sehen Sie, wie sich Transaktionskosten, Spreads, der allgemeine Trend und ähnlich Dinge auf die verschiedenen Anlegergruppen auswirken.

	Anlegergruppen				
	Scalper	Daytrader	Swing-trader	Position-trader	Langzeit-investoren
Short-positionen	Ja	Ja	Mitunter	Selten	Kaum
Sensitiv für Transaktions-kosten	Nein (wenn Börsenmitglied)	Stark	Stark	Weniger	Kaum
Sensitiv für Spreads	Nein (wenn Börsenmitglied)	Stark	Wenig	Kaum	Kaum
Von Zyklen abhängig	Nein	Nein	Kaum	Wenig	Stark
Sensitiv für Finanzie-rungskosten	Nein	Nein	Ja	Ja	Ja

Tabelle 1: Anleger-Matrix

Traumberuf Daytrader?

Die Überschrift gibt schon einen sehr wertvollen Hinweis. Handelt es sich beim Daytrading tatsächlich um einen Traumberuf? Zunächst sollte man sicher sein, dass man die Frage verstanden hat, denn es handelt sich beim Trading tatsächlich um einen Beruf. Vor allem dann, wenn man es auf so kurzfristiger Basis tut, wie Daytrader dies tun.

Wir werden in späteren Kapiteln klären, wie man sich möglichst professionelle Strukturen schafft, um vor unangenehmen Überraschungen gefeit zu sein. Das ist sehr wichtig. Denn beim Trading geht es sehr oft um Emotionen. Gier und Angst sind zwei populäre Vertreter dieser Emotionen. Vertrauen ist jedoch ebenfalls ein ganz wichtiger Aspekt und wird uns daher auch durch dieses gesamte Buch begleiten. Sie brauchen nämlich nicht nur Vertrauen in sich selbst, sondern auch in Ihren Tradingplan, ihre Hardware, ihre Software und natürlich in Ihren Broker.

Wenn Sie sich nun die Frage stellen, ob Daytrader tatsächlich ein Traumberuf ist, dann müssen Sie sich folgende Fakten vor Augen führen.

- → Als Daytrader ist man sein eigener Chef.
- → Als Daytrader arbeitet man mit Geld.
- → Als Daytrader wird man vom Markt bezahlt.
- → Auch als Daytrader hat man eine Verantwortung gegenüber seinen Familienmitgliedern.
- → Als Daytrader ist man Unternehmer und muss verantwortungsvoll mit Eigen- und Fremdkapital umgehen könne.
- → Als Daytrader ist man Unternehmer und muss daher sowohl mit Einnahmen (Gewinnen) als auch mit Ausgaben (Verlusten) rechnen.
- → Als Daytrader ist man Unternehmer und muss in die Zukunft des Unternehmens investieren (Weiterbildung)
- → Auch als Daytrader braucht man Urlaub.

Wir werden in späteren Kapiteln genau darauf eingehen, wie denn so der typische Tagesablauf eines Daytraders aussieht. Sie werden dabei sehen, dass sich gewisse Abläufe, wie in jedem anderen Job auch, ständig wiederholen. Das hat jedoch wenig mit Routine zu tun, oder haben Sie so etwas an den Märkten schon einmal erlebt?

Tatsache ist jedoch, dass man sein eigener Chef ist. Und aus diesem Grund ist man auch nur sich selbst verantwortlich. Das mag für die einen der Himmel auf Erden bedeuten, für die anderen jedoch schwerwiegende unangenehme Auswirkungen haben. Es gibt Menschen für die gibt es nicht schöneres als nur sich selbst verantwortlich zu sein, wenn es an einem Abend wieder einmal länger gedauert hat und man am nächsten Tag nicht aus dem Bett kommt. Die anderen wiederum haben das zwanghafte Bedürfnis, sich selbst zu beweisen, wie hart sie sein können und gehen daher auch gar nicht mehr in den Urlaub.

Eine gute Lösung ist natürlich zwischen diesen beiden Extremen zu finden. Zum einen sollten Sie am Beginn des Jahres mit Ihrer Familie abklären, wann Sie denn gedenken in Urlaub zu gehen. Diese Urlaubszeiten sind auch einzuhalten, egal was an den Märkten gerade passiert. Überdies haben Sie den Vorteil keine Übernachtpositionen zu halten, was Sie wiederum für Spontanreisen sehr flexibel macht. Das kann für Ihre zwischenmenschlichen Beziehungen sehr positiv sein, und wird sich auch positiv auf Ihr Trading auswirken.

Es kann jedoch nicht sein, dass Sie professioneller Daytrader sein wollen und jeden Tag zur Mittagszeit das Bett verlassen, um zu traden (hierbei meine ich die europäischen Märkte – tradet man an der NYSE oder NASDAQ ist das natürlich in Ordnung). Hier sollte eine „ganz oder gar nicht Einstellung« gelten. Entweder Sie ziehen einen Tradingtag mit all jenem durch, was dazugehört (in späteren Kapitel mehr dazu), oder Sie lassen es bleiben.

Natürlich sind Sie in jedem Szenario Ihr eigener Chef. Sie dürfen allerdings niemals vergessen, dass es beim Trading um Geld geht. Geld ist Ihr Geschäft.

Wenn man arbeitet, dann hat man zwar mehrere Motive dafür, es geht aber auch darum, Geld damit zu verdienen. Erfolgreiche Manager oder Sportler reden zwar davon, dass sie nicht für Geld arbeiten gehen und auch sofort darauf verzichten würden (was einige Politiker bzw. CEOs sogar tun), das liegt aber einzig und allein daran, dass sie zu diesem Zeitpunkt bereits so viel Geld verdient haben, dass sie es nicht mehr nötig haben sich für die aktuelle Tätigkeit bezahlen zu lassen. Solche Menschen gelten mitunter auch als Idealisten.

Tatsache ist jedoch, dass Sie Ihr Einkommen als Daytrader nicht selbst bestimmen können. Sie werden vom Markt bezahlt. An diesem Punkt endet Ihre Souveränität als Ihr eigener Chef. Sie sind zwar für die Bezahlung verantwortlich, bestimmen jedoch nicht unmittelbar die Höhe. In schlechten Monaten werden Sie sogar Geld verlieren. Doch der Markt ist durchaus fair, was die Bezahlung anbelangt. Wenn man ein System gefunden hat, das stabil läuft und in Verbindung mit vernünftigen Money Management und entsprechender Positionsgrößenbestimmung diszipliniert getradet wird, dann wird man auf lange Sicht sehr viel Geld verdienen. Der Schlüssel zum Erfolg liegt in den Komponenten, die eben genannt wurden. Ein stabiles System, vernünftiges Money Management, entsprechende Positionsgrößenbestimmung und Disziplin. Auf all diese Dinge werden wir im Verlauf dieses Buchs noch genau eingehen.

Wenn Sie den Beruf Daytrader gewählt haben, um Ihre Familie mit den Gewinnen zu ernähren, dann haben Sie natürlich eine gewisse Verantwortung gegenüber Ihrer Familie. Bevor Sie sich jedoch dazu entschließen Daytrader zu werden, müssen Sie den finanziellen Rahmen abstecken, in dem Sie sich bewegen wollen. Denn hier beginnt das verantwortungsvolle Handeln gegenüber den eigenen Mitmenschen. Wenn Sie sich dazu entschließen Ihren alten Job aufzugeben um mit 10.000 Euro zu traden, dann sollten Sie Ihren Plan überdenken. Wenn diese 10.000 Euro nämlich Ihr gesamtes Erspartes darstellen, dann werden Sie scheitern.

Selbst wenn man davon ausgeht, dass Sie für Gewinne keine Steuern entrichten müssten, was jedoch der Fall ist, müssten Sie schon Monat für Monat eine tolle Performance hinlegen. Die Kosten für Software, Internet, Transaktionen würde ich bei etwa 40 Trades pro Monat bei etwa 500 Euro sehen. Hinzu kommen die Lebenserhaltungskosten, die, sollten Sie sparsam sein, lediglich bei 1500 Euro liegen. Insgesamt sollten Sie also mindestens 2000 Euro pro Monat verdienen, damit Sie nicht auf Ihr eigenes Tradingkapital zurückgreifen müssen, um Rechnungen für Telefon, Strom oder die Ausbildung der Kinder zu bezahlen.

Man muss kein mathematisches Genie sein, um zu erkennen, dass 2.000 Euro ganze 20 Prozent des eigentlichen Tradingkapitals darstellen. Wenn Sie es schaffen Monat für Monat 20 Prozent zu erwirtschaften, dann währen dass über 12 Monate berechnet 791,61 Prozent aufs Gesamtkapital. Doch selbst wenn Sie dies schaffen würden, dann währen da immer noch die Opportunitätskosten. Würden Sie es nämlich schaffen, Ihre sämtlichen Ausgaben mit anderen Einnahmequellen zu decken, dann betrüge Ihr Kontostand nach 12 Monaten nicht mehr 10.000 Euro (wie das im besprochenen Szenario der Fall wäre), sondern 89.161,00 Euro. Sie hätten also die Rechnung von 24.000 Euro bezahlt, dafür jedoch auf ein Plus von 79.161 Euro verzichtet. Die Opportunitätskosten belaufen sich also auf 55.161 Euro. Das sind 4.596,75 Euro pro Monat.

Es macht durchaus Sinn ehrgeizige Ziele zu verfolgen (mehr dazu in einem späteren Kapitel), man darf jedoch den Sinn zur Realität nicht verlieren. Eine Muss-Performance von 20 Prozent pro Monat ist langfristig nicht zu erreichen, vor allem mit dem Hintergedanken, dass man damit allfällige Rechnungen tilgen muss.

Als Unternehmer liegt eine der wichtigsten Aufgaben darin, Kontrolle über das Verhältnis zwischen Eigen und Fremdkapital zu haben. Beim

Trading könnte man das folgendermaßen ummünzen. Eigenkapital ist Erspartes und Fremdkapital ist ein Kredit. Ich möchte Ihnen dringend davon abraten auf Kredit zu traden. Das übt viel zu hohen Druck auf Ihre Psyche aus. Das bedeutet aber noch lange nicht, dass man ausschließlich mit Eigenkapital arbeiten sollte.

In Zeiten, in denen Derivate immer mehr an Bedeutung gewinnen stellen Hebel eine willkommene Hilfe dar. Hebel können mitunter sehr mächtig sein und das eigene Trading tatsächlich unterstützen. Doch Macht ist ein zweitschneidiges Schwert und so führen Hebel oftmals zu leichtsinnigen Handlungen, egal ob diese nun bewusst oder unbewusst geschehen. Auch die Probleme bzw. Chancen mit Hebeltrading werden wir in einem späteren Kapitel noch eingehen. Eines vorweg: Richtig genutzt können sie tatsächlich Ihr Trading verbessern.

Bei einer gehebelten Position arbeitet man mit Fremdkapital, nämlich mit jenem des Brokers. Für dieses Kapital fallen bei Long-Positionen auch Zinsen an, allerdings nur wenn sie über Nacht gehalten werden. Als Daytrader ist man dieser Problematik jedoch nicht ausgesetzt. Wenn man eine Position vor Börsenschluss schließt, dann genießt man zweierlei Vorteile. Erstens, muss man keine Zinsen zahlen und zweitens hat man keinen offenen „Kredit«. Ist also am Ende jedes Tages zu 100 % eigenkapitalfinanziert.

Wenn man sich erst einmal über die Kapitalstruktur des eigenen Unternehmens klar geworden ist, dann gilt es natürlich an die Umsatzgenerierung zu denken. Es gibt jedoch kein Unternehmen in dem der Umsatz dem Gewinn entspricht und deshalb muss man sich auch mit der Ausgabenseite auseinandersetzen. Natürlich stellen Tradinggewinne die Einnahmen des Traders dar, Verluste hingegen die Ausgaben. Wichtig ist jedoch nur, was unter dem Strich übrig bleibt. Diese Zahl sollte schwarz sein. Viele Tradinganfänger streben nach dem perfekten System, die Suche nach dem heiligen Gral hat begonnen. Diesen heiligen Gral gibt es nicht. Kein System hat eine Trefferquote von 100 %, und das ist bei einer gewissen Stabilität und unter Berücksichtigung anderer Faktoren auch überhaupt nicht nötig. Im Kapitel über Money Management werden wir klären, dass Trefferquoten von unter 40 % zu schönen Kapitalzuwächsen führen können.

Als Unternehmer bleibt man vor Veränderungen natürlich nicht verschont. Veränderungen bedeuten jedoch immer auch eine Chance. Und wer seine Chancen nutzt, der wird am Ende des Tages als Sieger dastehen. Bis dahin ist es jedoch ein langer Weg. Die besten Trader sind jene, die am besten auf Veränderungen reagieren können. Diese Fähigkeit ist einerseits durch ihre Erfahrung, andererseits aber durch ihre Ausbildung gewachsen. Es liegt somit an Ihnen selbst für das nötige Maß an Ausbildung zu sorgen. Das eigene Ego kann ein großer Feind an den Märkten sein, wenn man zu sehr von sich überzeugt ist, dann führt das zu Undisziplinierheiten. Eine solche kann auch sein, gänzlich auf Weiterbildung zu verzichten.

Weiterbildung hat natürlich mehrere Facetten. Zum einen gibt es hier natürlich das klassische Medium des Buchs. Wenn man erst einmal eine bestimmte Anzahl an Büchern gelesen hat, bekommt man den Eindruck, nur noch wenig Neues zu lernen. Das ist aber nur von der quantitativen Seite her richtig. Denn in jedem Buch findet man zumindest eine neue Idee, einen neuen Ansatz oder einen intelligenten Satz, der das eigene Trading verändern wird. Das bedeutet natürlich nicht, dass man pro Woche drei Bücher lesen sollte, es kann jedoch nicht schaden, regelmäßig ein Buch heranzuziehen, vielleicht auch mehrmals dasselbe.

Doch auch Seminare bieten gute Weiterbildungsmöglichkeiten. Mittlerweile hat sich hierfür ein Markt gebildet, der einiges abdeckt. Die Vortragenden bestechen in den meisten Fällen durch ihr Fachwissen, doch auch die didaktische Seite verbessert sich zusehends. Hinzu kommt jedoch das Kennenlernen bzw. der Austausch mit Gleichgesinnten. Diese Bekanntschaften und Gespräche können einem den Anstoß für ganz neue Dinge geben.

Und schließlich darf man nicht vergessen, dass jeder Mensch Urlaub braucht. Ich möchte hier auch gar keine Empfehlungen zu Jahreszeiten oder Reisezielen geben. Ein Urlaub macht aber nur dann Sinn, wenn man alle Positionen geschlossen und sich emotional von den Märkten abgeschirmt hat. Am besten man eröffnet sich gar nicht erst die Möglichkeit im Urlaub zu traden. Irgendwo werden Sie sowieso immer eine Internetverbindung und einen Computer finden um sich zu informieren. Das wird für Sie und für Ihre Familie den größten Erholungsfaktor bieten.

Das ist Daytrading

In diesem Kapitel ging es in erster Linie darum abzustecken, worum es sich beim Daytrading eigentlich handelt bzw. mit welchen Herausforderungen man sich konfrontiert sieht, und sei es nur der Urlaub. Daytrading ist auf jeden Fall ein Beruf, vermutlich einer der härtesten, wenn man ihn richtig machen will. Man darf niemals vergessen, dass man an den Märkten gegen die besten Trader der Welt antritt. Und wenn Sie nicht alles tun, um diesen Tradern das Geld aus den Taschen zu ziehen, dann können Sie sich sicher sein, dass die anderen es ihrerseits bei Ihnen versuchen werden.

simplified

2 Der Tagesablauf

Als Daytrader hat man einen großen Vorteil gegenüber anderen Anlegern. Man kann sich die Tage, an denen man traden will, genau aussuchen. Will man einen Tag – aus welchen Gründen auch immer – auslassen, dann hat dies höchstens Opportunitätskosten zur Folge. Dies ist zwar alles andere als anzustreben, dennoch können einen offene Positionen kein Geld kosten, weil man ja gar keine hält.

Wenn nun aber ein Tag gekommen ist, an dem man beschließt zu traden, dann gliedert sich der Tagesablauf in drei übergeordnete Abschnitte. Zunächst ist man mit der Marktvorbereitung beschäftigt, danach folgt der eigentliche Handelstag und nach der Schlussglocke folgt die Nachbereitung. Jeder dieser drei Abschnitte stellt dabei einen wichtigen Teil zum erfolgreichen Trading dar. Nur wer seinen Job in allen drei Phasen gut macht, wird langfristig Geld verdienen. Dabei gliedern sich die Aufgabenbereiche der drei Abschnitte völlig unterschiedlich. Nehmen wir sie ein bisschen genauer unter die Lupe.

Die Marktvorbereitung

In der Praxis hat sich bewährt, dass man mindestens eine Stunde vor Markteröffnung damit beginnt jene Werte durchzusehen, die man derzeit unter Beobachtung hält. Der Vorteil der Technischen Analyse liegt darin, dass man gut und gerne über 100 Werte analysieren kann, ohne den Aufwand zu groß werden zu lassen. Damit man jedoch nicht in Zeitdruck gerät, was die Analysen betrifft, teilt man jeder Analyse ein Rating zu. Dieses gibt dann Ausschlag darüber, ob der Wert gerade neutral handelt, ein potentieller Kauf- oder Verkauf-Kandidat ist. Innerhalb weniger Minuten hat man dann festgestellt, welche Werte am heutigen Handelstag interessant für einen Daytrade werden könnten. Zusätzlich können Alarme eingestellt werden. Moderne Analyseprogramme machen sich akustisch bemerkbar, sobald ein gewisser Kurs erreicht wurde, bzw. wenn

Indikatoren ein Signal generieren. Auch Emails kann man sich zuschicken lassen.

Danach widmet man sich den vorbörslichen Aktivitäten bzw. dem Nachhandel des Vortages. Am DAX findet die Schlussauktion zwischen 17:30 Uhr und 17:35 Uhr statt, danach wird noch bis 20:30 Uhr nachgehandelt. Vielleicht haben über Nacht bekannt gewordene Nachrichten den Kurs der einen oder anderen Aktien deutlich bewegt, oder es ist gar ein ganzer Index weit vom Vortagesschlusskurs entfernt. Solche Momente bieten immer wieder attraktive Handlungsmöglichkeiten. Das Traden von Gaps kann durchaus lukrativ sein.

Zusätzlich ist es von höchster Wichtigkeit, sich darüber zu informieren, ob eine sich im Fokus befindliche Aktie kurz davor steht, Nachrichten zu veröffentlichen. Damit ist natürlich gemeint, ob genau an diesem Tag Nachrichten veröffentlicht werden. Dies können jedoch nicht nur unternehmensspezifische Nachrichten, sondern auch Arbeitslosenzahlen, Zinsentscheidungen oder ähnliches sein. Im Laufe der Zeit hat sich dieser Prozess automatisiert und man entwickelt einen mentalen Filter bzw. die Erfahrung dafür, welche Fundamentaldaten tatsächlich für das eigene Trading wichtig sind. Natürlich ist man beim Daytrading nicht auf das Handeln mit Aktien beschränkt. Wir werden noch verschiedene Derivate kennen lernen, die sich hervorragend zum Daytrading eigenen. Und man muss sich natürlich nicht auf Aktienmärkte beschränken, der FOREX-Markt besticht durch unglaubliche Liquidität, ist aber auch sehr volatil. Auch auf die Rolle der Volatilität werden wir noch eingehen. Und auch die Rohstoffmärkte haben ihre Vorzüge.

Bevor der erste Kurs des Tages zu den normalen Handelszeiten also zustande kommt (wir kehren hiermit zu den Aktienmärkten zurück), weiß man bereits welche Werte im aktuellen Fokus stehen, wie die vorbörsliche Aktivität bei diesen Werten ausgesehen hat, und ob wichtige Fundamentale Daten veröffentlicht werden. Technische Analyse ist zwar ein mächtiges Werkzeug. Man sollte allerdings nicht nur wissen, wann man es anwenden sollte, sondern auch, wann man es nicht anwenden sollte. Hat man seine Hausaufgaben gemacht, dann kann der eigentliche Handelstag kommen.

In der Marktvorbereitung findet bereits ein ganz wichtiger Teil der Arbeit des Daytrading statt. Hier gilt es seine organisatorischen Fähigkeiten zu beweisen. Wenn man nämlich darauf verzichtet, die oben genannten drei Schritte zu durchlaufen, dann macht man seinen eigenen Tradingerfolg vom Zufall abhängig. Und obwohl man im Vorhinein nie wissen kann, welche Trefferquote man über einen bestimmten Zeitraum erzielen wird, kann man sich zumindest die besten Voraussetzungen schaffen. Im Laufe der Zeit findet man Setups, die einem sehr verlässliche Signale liefern. Diese treten vielleicht nur ein bis zwei Mal pro Monat auf, deshalb sollte man versuchen, diese nicht zu versäumen.

Einleitend habe ich erwähnt, dass man durch Nicht-Traden mitunter Opportunitätskosten auf sich nimmt. Genau solche Kosten will man mit ordentlicher Marktvorbereitung vermeiden.

Wenn man sich dazu entscheidet Daytrader zu werden, dann entscheidet man sich dazu, sein eigener Chef zu sein. Das gilt dann grundsätzlich für alle Aspekte dieses Jobs, außer für die Bezahlung. Die bestimmt der Markt. Und wenn man dem Markt das Gefühl gibt, dass man nicht mit vollem Eifer bei der Sache ist, dann wird er sich auch gut überlegen, ob er ein akzeptables Gehalt auszahlen will.

Ein weiteres Problem stellt die Disziplin dar, was das Aufstehen betrifft. Obwohl es sich sehr banal anhört, kann es zum Problem werden, wenn man Probleme dabei hat zeitgerecht aufzustehen. Ich habe davon gesprochen, dass man mindestens eine Stunde vor Markteröffnung mit der Marktvorbereitung beginnen sollte. Die Markteröffnung findet beim DAX und TecDAX beispielsweise um 9:00 Uhr mitteleuropäischer Zeit statt. Der Vorhandel beginnt bereits um 7:30 Uhr und die Eröffnungsauktion beginnt um 8:50 Uhr.

Wenn man jetzt davon ausgeht, dass man von zu Hause aus tradet, dann sollte man noch etwa 30 Minuten für Körperpflege, Anziehen und eine Tasse Cafe inkludieren. Der Wecker läutet somit spätestens um 7:30 Uhr. Das kann für viele ein Problem darstellen. Vielleicht nicht für einen bestimmten Handelstag, aber wenn es darum geht an die 250-mal pro Jahr um 7:30 Uhr aufzustehen. Wenn man bedenkt, dass man vielleicht an der Londoner Börse handeln will, dann muss man bereits um 6:30 Uhr das warme Bett verlassen.

Wenn man nicht dazu bereit ist, so früh aufzustehen, dann kann man sich dazu entscheiden die US-Märkte zu handeln. Natürlich sprechen auch noch andere Argumente für den Handel an den US-Börsen. Die NYSE eröffnet um 15:30 Uhr. Dementsprechend verschieben sich die Aufstehzeiten nach hinten. Man darf aber auch nicht vergessen, was das für Auswirkungen auf die Marktnachbereitung hat.

Denn erst um 22:00 Uhr schließen die US-Börsen. Wenn man nun bedenkt, dass die Marktnachbereitung auch noch mindestens eine Stunde in Anspruch nimmt, dann ist man erst um 23:00 Uhr mit der Arbeit fertig. Natürlich kann man die Nachbereitung auf den nächsten Tag verschieben. Das ist aber nur zu empfehlen, wenn ausschließlich die US-Börsen gehandelt werden. Als Daytrader sollte man sich unter Tags auf offene, sowie potentielle Trades konzentrieren.

In Zeiten des Internets bin ich nicht mehr der Meinung, dass man zwangsweise einen Fernseher mit Bloomberg-TV oder CNBC parallel zum Trading laufen haben sollte. Im nächsten Kapitel gehe ich darauf ein, warum gerade die Technische Analyse beim Daytrading im Vordergrund steht. Natürlich sind auch fundamentale Daten wichtig. Diese sollten einem aber eher bei Entscheidung helfen, Positionen nicht einzugehen. Sie können die Zeit vor der Markteröffnung natürlich nutzen um Zeitung zu lesen. Sie werden sich im Laufe der Zeit aber daran gewöhnen, solche Nachrichten online zu recherchieren.

Man sollte auf jeden Fall darüber Bescheid wissen, wann welche Nachrichten veröffentlicht werden. Hat man erst ein wenig Erfahrung gesammelt, weiß man, wann Ben Bernanke seine Zinsentscheidungen bekannt gibt bzw. Reden zur Nation veröffentlicht. Diese Daten sind jedem frei zugänglich. Es ist aber vor allem wichtig auf unternehmensspezifische Nachrichten zu achten, wenn man mit Aktien tradet. Beim Handel mit FOREX sind volkswirtschaftliche Kennzahlen von großer Bedeutung. So hat jeder Markt eben seine Eigenheiten.

simplified

3 Der Handelstag

Dieses Kapitel trägt den Namen „der Handelstag«, obwohl es hier nicht ausschließlich um die zeitliche Komponente gehen soll, sondern viel mehr um praktische Dinge, sowie Hardware, Software und auch Brokerentscheidungen. Manchmal kann es durchaus Sinn machen, nicht nur bei den Trades zu diversifizieren, sondern auch bei den Brokern. Darüber hinaus werden wir darüber sprechen warum es gerade für Daytrader unabdinglich ist, auch Shortposition einzugehen.

Der Tagesablauf

Nach der Tagesvorbereitung beginnt jene Phase, in der Entscheidungsfreude gefragt ist. Das soll auf gar keinen Fall heißen, dass man unüberlegt handelt, sonder lediglich, dass man nicht zögern soll, wenn sich eine gute Gelegenheit bietet. Denn auch Trades, die man nicht eingeht können Geld kosten, dies sind die immer wieder erwähnten Opportunitätskosten. Und auch die Software bzw. Hardware sind ein ganz ausschlaggebender Faktor dafür, ob man als Daytrader Erfolg haben kann. Wenn man sich als Trader versucht, dann tritt man gegen die besten Trader der Welt an. Diesen Tradern stehen hervorragende Infrastrukturmöglichkeiten zur Verfügung. Lassen Sie sich nicht deshalb schlagen, weil Sie beim Trading sparen wollen. Daytrader ist ein Beruf und dieser erfordert nun mal professionelle Strukturen. Besprechen wir nun die Voraussetzungen für erfolgreiches Daytrading.

Die Hardware

Wenn man Bilder professioneller Trader in Zeitungen, Zeitschriften oder im Internet sieht, dann sitzen diese immer vor einer Vielzahl von Monitoren. Und auch wenn ich kein Verfechter von zu vielen Monitoren bin, bin ich dennoch der Meinung, dass Sie mindestens drei Bildschirme zum

Trading brauchen (bei sehr großen Screens können auch zwei reichen). Zusätzlich aber auch noch ein Notebook. Das macht in Summe vier Monitore. Doch wofür braucht man diese vier Monitore eigentlich? Das ist ganz einfach. Widmen wir uns zunächst dem Computer mit den drei Monitoren, ehe wir uns den zweifelsfrei wichtigen Funktionen des Notebooks widmen.

Der erste Monitor ist logischerweise für jene Arbeiten zuständig, die man am häufigsten ausführt. Mit „ersten« ist jetzt nicht gemeint, dass das der linke, rechte oder der zentrale Monitor sein muss, ich würde aber empfehlen, diesen Monitor in der Mitte zu platzieren. Doch welche Arbeit ist jene, die man am häufigsten durchführt? Ich persönlich habe auf diesem Monitor die Analysesoftware laufen. Auch hier gibt es ganz wichtige Eigenschaften, die die Software in jedem Fall erfüllen muss. Doch dazu kommen wir in der Sektion Software. Der Monitor, mit dem Sie die Analysen erstellen, sollte auch der größte der drei Monitore sein, sollten sie nicht identische Größen aufweisen. Ich persönlich arbeite mit Monitoren im Breitbildformat. Mit drei Monitoren mit jeweils 22 Zoll sind Sie ausreichend ausgestattet. Und diese sind gerade in den letzten Jahren durchaus erschwinglich geworden. Der zweite Monitor sollte jene Software bereitstellen, mit der Sie jene Berechnungen durchführen, die darüber Ausschlag geben, ob ein Trade eingegangen wird oder nicht. Dabei handelt es sich normalerweise um ein Tabellenkalkulationsprogramm. Solche Arbeitsmappen sollten durchdacht sein. Fehler bei Berechnungen werden Ihnen ohnehin sehr schnell auffallen, denn die sind mitunter sehr teuer. Mittlerweile findet man auch im Internet mehr als brauchbare Arbeitsmappen, die einem schnell dabei helfen Chance/Risiko Profile und ähnliche Kennzahlen zu berechnen. Natürlich werden Sie im Laufe der Zeit auch jene Fähigkeiten entwickeln, die Ihnen dabei helfen, simple Rechenschritte im Kopf durchzuführen. Dennoch sollte die Software jederzeit benutzbar sein und sich nicht in einem Wirrwarr an verschiedenen Fenstern verstecken.

Der dritte Bildschirm hält dann jene Software bereit, mit der Sie Ihre Trades eigentlich durchführen. Das kann zum einen eine Applikation darstellen, die man vom Desktop aus benutzt, kann aber durchaus auch online erfolgen. Sie werden sich vielleicht fragen, warum man diese Software nicht auf dem zentralen Bildschirm laufen haben soll. Die

Begründung ist ganz einfach. In den meisten Fällen sollte die vom Broker zur Verfügung gestellte Software lediglich als Orderplattform verwendet werden.

Nun haben wir also klargestellt, was man auf welchem Monitor sehen sollte. Das wichtige bei Multimonitorsystemen ist, dass alle laufenden Applikationen permanent zu sehen sein sollten. Das erlaubt schnellstmögliches Arbeiten. Beim Daytrading kommt es mitunter auf Sekunden an.

Sprechen wir nun über die Rolle des Notebooks. Auf diesem Notebook sollten all jene Applikationen laufen, die auch auf dem Multimonitorsystem zu sehen sind. Diese Applikationen sollten im besten Fall jedoch niemals verwendet werden. Das Notebook sollte nur dann für diese Applikationen verwendet werden, wenn unvorhergesehene Probleme auftreten. Dies kann mehrere Gründe haben. Zum einen kann das Internet ausfallen. Aus diesem Grund rate ich Ihnen zum einen dazu zusätzlich zum normalen Breitbandinternet auch noch mobiles Internet zu verwenden. Auch dieses ist in den letzten Jahren mehr als erschwinglich geworden. Zum anderen kann jederzeit der Strom ausfallen. In diesem Fall wird sich Ihr Computer ganz einfach ausschalten. Das kann Ihnen bei einem Notebook nicht passieren. Dieses läuft ganz einfach weiter. So können Sie in jedem Fall wertvolle Zeit gewinnen und unter Umständen ihre Positionen glatt stellen.

Ganz abgesehen davon erfüllt das Notebook noch andere Zwecke. Zum einen sollte dort die E-Mailsoftware laufen, zum anderen ihr Internetbrowser. Sowohl Emails als auch das Surfen im Internet sind hauptausschlaggebend dafür, dass die Stabilität eines Betriebssystems leidet. Wenn Sie bei Ihrem Arbeitscomputer sowohl auf private und Firmen-Emails als auch auf das Internetsurfen verzichten, dann befinden Sie sich auf der sicheren Seite. Setzen Sie lediglich ihrem Notebook der Gefahr der Instabilität aus. Denn dass sowohl Ihre Arbeitsmaschine als auch das Notebook nicht funktionieren, ist höchst unwahrscheinlich, wenn auch nicht undenkbar. In diesem Fall sollten Sie unbedingt eine Telefonverbindung zu Ihrem Broker herstellen können. Und das am besten per Kurzwahl. Das klingt zwar unromantisch, kann Ihnen aber viel Geld sparen. Da beim Eingehen der Position ohnehin schon zumindest die Stop-Loss-

Order platziert wird, ist der Zeitbereich zwischen dem Platzieren der beiden Orders (Eingehen der Position + Stop-Loss) sehr kurz. Nur in solchen Fällen wird der Anruf beim Broker nicht nur wichtig, sondern auch dringlich.

Gehen Sie also sicher, dass Sie einen PC zum Arbeiten und einen für private bzw. geschäftliche Dinge nutzen. Natürlich ist ein Email-Programm auch am Arbeits-PC durchaus sinnvoll. Dies sollte jedoch eine Emailadresse verwalten, die ausschließlich für den Datentransfer zwischen dem Notebook und dem PC dient. Und bitte installieren Sie auf dem Arbeits-PC keinerlei Programme wie MSN, ICQ oder Skype. Das ist kein Privat-PC, sondern der PC eines Daytraders. Ein Formel 1 Pilot würde sich auch davor hüten, die Einkäufe mit seinem Rennboliden zu machen, verzichten auch Sie darauf.

Die Software

Auch dieser Aspekt ist ein ganz wichtiger. Hier wird es viel weniger darum gehen, was man tun soll, sondern vielmehr welche Voraussetzungen man sich schaffen muss, damit man als Daytrader tatsächlich Geld verdienen kann. Zunächst möchte ich mich der Analysesoftware widmen. Grundsätzlich ist es völlig egal, welche Software man verwendet. Jeder hat da seine Präferenzen. Mit welcher Software ich arbeite, wird durch die abgebildeten Charts deutlich, ist aber keinesfalls als dringliche Empfehlung zu verstehen. Ich fühle mich mit meiner Software wohl. Sie ist einfach in der Handhabung, stabil und verlässlich. Ein ganz wichtiger Aspekt beim Aussuchen der richtigen Analysesoftware sind Live-Daten. Diese Daten zeigen einem unmittelbar, was an den Märkten los ist. Oftmals bekommt man diese Daten gratis, allerdings mit 15-minüter Verspätung. Das ist natürlich keinesfalls akzeptabel. Gerade beim Daytrading kommt es auf das richtige Timing an. Mit einer Verzögerung von 15 Minuten ist angemessenes Timing natürlich ein Ding der Unmöglichkeit.

Viele Trader versuchen die Live-Daten zu nutzen, die ihnen von ihrem Broker zur Verfügung gestellt werden. Und auch wenn ich die Software aller Broker weder kennen kann, noch kennen will, bin ich im Laufe der

Jahre zu der Erkenntnis gelangt, dass die Analyse-Tools, die einem vom Broker kostenlos zur Verfügung gestellt werden, in der Praxis langfristig nicht anwendbar sind. Hier tut sich natürlich eine gewisse Kostenproblematik auf. Die Software vom Broker ist auf den ersten Blick nämlich gratis. Es kann jedoch durchaus sein, dass eine Ungereimtheit pro Monat schon den Kosten für professionelle Analysesoftware inklusive Live-Daten entspricht. Ich kann Ihnen nur dazu raten, Geld für Analysesoftware und Live-Daten in die Hand zu nehmen. Sie werden nicht nur zahlreiche Probleme vermeiden, sondern überdies mit viel mehr Vertrauen handeln können. Das ist ein sehr wichtiger Aspekt beim Trading.

Wie bereits bei der Hardware erwähnt, ist ein Tabellenkalkulationsprogramm sehr sinnvoll, wenn es darum geht, verschiedene Zahlen, Verhältnisse oder andere Dinge zu berechnen. Das muss nicht zwangsweise jenes Programm sein, mit dem wohl die meisten von uns schon zu tun hatten, sondern kann auch kostenlos im Internet heruntergeladen werden. Diese Software bewegt sich auf ähnlichem Niveau, was die Anwendbarkeit anbelangt. Sie können dieser Software vertrauen. Im Gegensatz zur Entscheidung, ob Analysesoftware oder mitgelieferte Software des Brokers, möchte ich hier keine Empfehlung abgeben.

Zu guter Letzt kann man natürlich noch über den Browser sprechen, wenn man eine Online-Applikation nutzt. Auch bei diesem Punkt kann ich keine Empfehlung aussprechen. Hierbei hatte ich noch keine Probleme, habe mich ehrlicherweise jedoch noch nicht mit allzu exotischen Browsern auseinandergesetzt. Wichtig ist, dass Sie dieser Software vertrauen. Das gilt übrigens auch für das Betriebssystem, das auf Ihrem Rechner läuft.

Der richtige Broker

Eine immer wieder sehr gerne gestellte Frage ist jene nach dem „richtigen« Broker. Diese Frage ist wie so oft beim Trading keine Frage des entweder oder, sondern viel mehr des sowohl als auch. Broker unterscheiden sich nicht nur durch die angebotenen Underlyings, sondern auch in den angebotenen Finanzinstrumenten. Wer für Short-Trades beispielsweise keine Put-Optionsscheine verwenden will, weil er die Preisbildung nicht nachvollziehen kann oder ihm deren Konzept nicht transparent genug ist, der sollte das auch nicht tun. Vertrauen ist auch bei der Wahl des Brokers bzw. des Finanzinstruments eine sehr wichtige Sache.

In den letzten Jahren haben CFDs unglaublich an Popularität gewonnen. Mittlerweile gibt es bei der Wahl des Brokers durchaus verschiedene Alternativen. CFDs zeichnen sich vor allem durch die transparente Preisbildung und den Hebel aus. Auf beide Dinge werden wir noch eingehen. Ein weiterer Punkt, der beim Handel mit CFDs erleichtert wird, ist das Leerverkaufen von Underlyings. Es gestaltet sich genauso einfach wie das Eingehen von Long-Positionen.

Es kann also durchaus Sinn machen, verschiedene Broker zu nutzen. Will man auf starke Hebel zurückgreifen und geht gerne unkompliziert short, der wählt womöglich einen CFD-Broker. Wer zu diesen Brokern wegen des OTC-Handels (Over the Counter) oder anderen Aspekten kein Vertrauen aufbauen kann, der sollte auch nicht sein Geld dort liegen haben.

Mittlerweile haben wir schon mehrmals den Begriff shorten oder leerverkaufen benutzt, ohne ihn genauer zu definieren. Das werden wir jetzt tun.

Shorting

Das Konzept des Shortens ist auf den ersten Blick etwas kompliziert. Hat man es jedoch einmal verinnerlicht, dann macht es durchaus Sinn. Grundsätzlich handelt es sich beim Leerverkaufen genau um das Gegenteil eines normalen Trades.

Bei einer Longposition kauft man ein Underlying zu Preis X und verkauft es zu einem späteren Zeitpunkt zum Preis Y. Beim Eingehen der Position hofft man, dass der später erzielte Verkaufspreis höher ist, als der Kaufpreis. Beim Leerverkaufen verhält es sich genau andersherum.

Man tätigt zuerst einen Verkauf. Bei diesem Vorgang erhält man also Geld. Erst später wird die bereits verkaufte Position mit dem Geld aus dem Verkauf zurückgekauft. Liegt der Rückkaufpreis unterhalb des Verkaufspreises bei der ersten Transaktion, hat man einen Gewinn erzielt.

Sie werden sich jetzt sicher fragen, wie man etwas verkaufen kann, das man gar nicht besitzt. Im Grunde genommen tut man das beim klassischen Leerverkauf von Aktien gar nicht. Gegen eine zu bezahlende Gebühr leiht einem der Broker/die Bank die Aktien aus dem Eigenbestand (oder dem Bestand eines anderen) und verkauft diese für den Trader. Hier fließt zum ersten Mal Geld. Wer einen Basiswert leerverkauft, der nimmt unmittelbar bei dieser Transaktion Geld ein. Später, wenn man der Meinung ist, dass man das Short-Investment beenden will, kauft man das Underlying zurück. Dies geht dann wieder in den Besitz des ursprünglichen Besitzers über.

Beim klassischen Aktienleerverkauf ist tatsächlich eine Gebühr zu entrichten. Diese ist von Broker zu Broker (bzw. von Bank zu Bank) verschieden hoch. In den meisten Fällen ist diese Gebühr relativ saftig.

Beim Handel mit CFDs braucht man sich über etwaige Gebühren keine Sorgen machen. Diese fallen beim Eingehen von Shortpositionen gar nicht erst an (hierbei geht es lediglich um die Gebühren, die das Eingehen einer Shortposition erst ermöglicht und nicht um die anfallenden Gebühren beim Eingehen und Schließen einer Position). Mitunter kann man sogar Zinseinnahmen einstreichen, da man ja Kapital aus dem Verkauf erhält. Diese werden jedoch auf Tagesbasis berechnet. Aus diesem Grund ist dieser Aspekt für Daytrader nicht von Relevanz.

Will man mit Optionen oder Optionsscheinen eine Shortposition eingehen, muss man ganz andere Dinge beachten. Während beim CFD einzig und alleine der Ausführungspreis beim Verkauf und der Ausführungspreis beim Rückkauf Ausschlag darüber geben, ob man mit einem Trade Geld verdient oder verloren hat, sind die Einflussfaktoren bei Optionen und Optionsscheinen weniger transparent.

Zum einen setzt sich der Preis von Optionen aus innerem Wert und Zeitwert zusammen, zum anderen sind nicht nur die beiden Einflussfaktoren Verkauf und Rückkaufpreis von Relevanz. Aspekte wie Volatilität, Zinsen, Dividenden und die Zeit wirken sich ebenso auf den Preis von Optionen aus wie der aktuelle Preis des Basiswerts, und der Strikepreis. Der Strikepreis stellt beim Handel mit Optionen eine magische Marke dar. Sie gibt darüber Ausschlag ob sich das Derivat im, am, oder aus dem Geld befindet. Zur genaueren Betrachtung von Optionen ziehen Sie bitte vertiefende Literatur heran.

Der Hebel

Ein großes Problem beim Daytrading stellt sich dadurch dar, dass Marktbewegungen, die innerhalb als eines Handelstages, also intraday, auftreten, oftmals nicht ausreichen um optimal von einem Trade profitieren zu können. Aus diesem Grund bieten sich gehebelte Derivate an. Dies führt uns zurück zu den CFDs, die auf den ersten Blick wie das ideale Instrument für Daytrader wirken. Dies liegt zum einen an der transparenten Preisbildung, denn lediglich der Kauf und Verkaufpreis geben darüber Ausschlag, was der CFD wert ist. Zum anderen aber am schnellem, transparentem und einfachem Eingehen von Shortpositionen. Zahlreiche Studien haben gezeigt, dass Märkte wesentlich schneller fallen als diese steigen. Das hat psychologische Gründe. Angst bzw. Panik wirken sich viel stärker aus als potentielle Gier.

Daytrader streben relativ schnelle Profite an. Wenn man sich nun vor Augen führt, dass man mit Shortpositionen innerhalb kürzester Zeit Geld verdienen kann, dann wäre es wohl als fahrlässig einzustufen auf diese Möglichkeit zu verzichten. Wenn Sie also Daytrader werden wollen, dann entscheiden Sie sich auch dafür Shortpositionen einzugehen.

Der Name dieses Abschnitts trägt den Namen Hebel. Diese Hebel können zum einen konstant, zum anderen aber dynamisch sein. Außerdem sind die Hebel bei verschiedenen Brokern auch frei wählbar. Das ist zwar eine sehr interessante Eigenschaft, für das Traden jedoch nicht unbedingt eine Grundvoraussetzung.

Im ersten Kapitel haben wir darüber gesprochen, dass ein Tradingkapital von 10.000 Euro keinesfalls ausreichen kann, wenn man laufende Kosten mit den Gewinnen decken will. Und zwar nicht einmal dann, wenn auf die Gewinne keine Steuern zu zahlen wären. Hier bieten Hebel jedoch phantastische Möglichkeiten

Um dies zu zeigen möchte ich noch einmal das Beispiel mit dem Tradingkonto in Höhe von 10.000 Euro heranziehen. Wenn man sich dabei auf das Traden von Indizes, wie den DAX, spezialisiert, dann stehen einem zum einen Hebel von bis zu 100 zur Verfügung, zum anderen bieten verschiedene Broker mittlerweile Spreads von 0,5 Punkten an. Viele Broker verzichten im Übrigen darauf Gebühren für Käufe und Verkäufe zu verlangen, wenn mit Indizes spekuliert wird. Gehen wir nun also davon aus, dass 10.000 Euro zur Verfügung stehen, und ein Hebel von 100 zur Verfügung steht. In diesem Fall wächst die maximale Positionsgröße auf bis zu 1.000.000 Euro an. Das ist natürlich gigantisch und eröffnet ganz neue Möglichkeiten sowie Risiken.

Gehen wir nun davon aus, dass der DAX aktuell bei 7.500 Punkten steht. Ein DAX-CFD kostet dann genau 7.500 Euro. Das ist gleichbedeutend damit, dass die Veränderung des CFD um einen Punkt genau 1 Euro an Preisunterschied ausmacht. Mit einem Kapital von 10.000 Euro könnte man genau einen dieser DAX-CFDs kaufen, 2.500 Euro würden als Cash-Reserve auf dem Konto verbleiben. Steigt der Kurs des DAX also um 1 %, dann hätte man ganze 75 Euro verdient, fällt er um 1 % dann verliert man 75 Euro. Das entspricht 0,75 % des gesamten Tradingkapitals. Wenn man nun allerdings einen Hebel von 100 zur Verfügung hat, dann sind die Möglichkeiten ganz andere. Mit 1.000.000 Euro kann man gleich 133 DAX-CFDs kaufen, deren Gesamtwert 997.500 Euro beträgt. Als bleiben noch 2.500 Euro, die durch den Hebel dividiert zu 25 Euro werden als Cashreserve. Tatsächlich kann man also wirklich fast 1.000.000 Euro an den Märkten bewegen, das ist beeindruckend.

Man darf jedoch nicht vergessen, dass ein Plus von einem Prozent jetzt nicht mehr 75 Euro wert ist, sondern 9.975 Euro. Läuft die Position also um 1 Prozent in die gewünschte Richtung, hat man sein Tradingkapital beinahe verdoppelt. Doch wo Chancen sind, da stehen auch immer Risiken zu Buche. Diese treten dann auf, wenn sich die Position gegen Sie bewegen sollte. Sollten Sie mit einem Tradingkapitel von 10.000 Euro tatsächlich 133 DAX-CFDs halten und der Markt bewegt sich um 1 Prozent gegen Sie, dann hätten sich beinahe Ihr gesamtes Tradingkapital in Luft aufgelöst. Lediglich die vorher angesprochenen 25 Euro blieben auf ihrem Konto als Cash-Reserve.

Solche Hebel ermöglichen es zwar dem Trader mit dem kleinen Konto überproportional an Kursveränderungen zu partizipieren, was tatsächlich eine Revolution darstellt, wenn man diszipliniert mit dieser Waffe umgeht. Auf der anderen Seite ist man aber permanent mit der Gefahr des Totalverlusts konfrontiert, wenn man nicht das höchste Maß an Disziplin gelten lässt.

Für größere Konten bieten sich Futures an. Diese haben zum einen den Vorteil, dass Finanzierungskosten gar keine Rolle mehr spielen (das sollte beim Daytraden aber ohnehin auch bei CFDs kein Problem darstellen), auf der anderen Seite hat man direkten Marktzugang, im Englischen auch gerne Direct Market Acess genannt. Dies unterscheidet Futures grundsätzlich von CFDs, die nämlich im Regelfall OTC gehandelt werden.

Gap-Trading

Gleich zu Beginn jeder Trading-Session gibt es attraktive Möglichkeiten für Trades. Und zwar dann, wenn es zur Bildung von Gaps kommt. Anhand von praktischen Beispielen werden wir nun Techniken vorstellen, die beim Gap-Trading zur Anwendung kommen können.

Das Hoch/Tief der ersten Kerze

Bei dieser Technik wartet man die erste Kerze nach der Bildung eines Gaps ab. Kommt es zu einem Down-Gap, dann wartet man ab, ob die zweite Kerze den Hochkurs der ersten Kerze noch übertreffen kann. Erkennt man hingegen ein Up-Gap, dann wartet man darauf, ob der Tiefkurs der ersten Kerze noch einmal unterboten wird. Ein praktisches Beispiel verdeutlicht diese Strategie.

In Chart 1 sieht man den 5-Minutenchart von Paychex. Es ist ein deutliches Down-Gap zu erkennen. Der Schlusskurs des Vortages lag bei 32,93 USD, der Eröffnungskurs des Folgetages bei 32,24 USD. Bereits die zweite Kerze konnte den Hochkurs der ersten übertreffen, was bullish zu deuten war. Hier wird die Position eröffnet. Der Stop-Loss wird in diesem Fall unterhalb des Tiefkurses der ersten Kerze platziert. Da der erste Kurs bei

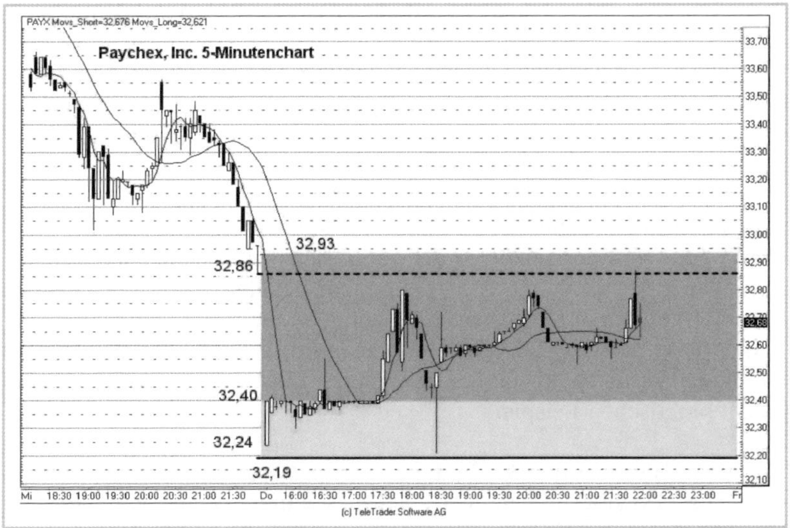

Chart 1: Das Hoch der ersten Kerze

32,24 USD lag, liegt ein möglicher Stop-Loss bei 32,19 USD, also 0,05 USD unter dem Tief. Das Kursziel liegt hingegen bei 32,86 USD, dem Tiefkurs des letzten Handelstages. Aus diesen Zahlen erhält man ein Chance Risiko Verhältnis von 2,19. Dieser Trade hätte durchaus seine Berechtigung. Wie man erkennen kann, wurde der Trade zwar beinahe ausgestoppt, erreichte kurz vor Handelsschluss jedoch noch das Kursziel.

Natürlich lässt sich diese Technik auch für umgekehrte Fälle anwenden. Nämlich in Fällen, in denen es zu Up-Gaps gekommen ist. In diesem Fall wird dann eine Position eingegangen, wenn der Kurs unter das Tief der ersten Kerze fällt. Der Stop-Loss wird dann knapp über dem Hoch der ersten Kerze platziert (dies stellt in den meisten Fällen auch das Tageshoch dar). Das Kursziel liegt dann oftmals beim Schlusskurs bzw. Tiefkurs des Vortages.

Der Inside Bar bzw. bullish/bearish Harami

Ich möchte hier noch eine weitere Technik in Bezug auf das Traden von Gaps vorstellen, dass bei Tradern ebenfalls sehr beliebt ist. Zunächst müssen wir uns aber der Frage widmen, was überhaupt ein Inside Bar bzw. ein bullish/bearish Harami ist.

Man spricht von einem bullish Harami, wenn der Kerzenkörper der aktuellen Kerze vom Kerzenkörper der vorangegangenen Kerze völlig eingeschlossen wird, nachdem die Kurse davor gefallen waren. Ein bearish Harami tritt dann auf, wenn nach steigenden Kursen der aktuelle Kerzenkörper vom vorherigen eingeschlossen wird. Die aktuelle Kerze wird dann auch gerne als Inside-Bar bezeichnet. Doch betrachten wir dies an einem praktischen Beispiel.

Hier betrachten wir den 5-Minutenchart von Cephalon. Man erkennt ein deutliches Down-Gap von 65,03 USD (Schlusskurs des Vortages) auf 64,60 USD. Danach fiel der Kurs noch weiter, ehe die dritte Kerze einen

Chart 2: Inside Bar

Inside Bar gebildet hat. Man kann den Inside Bar daran erkennen, dass das Hoch der aktuellen Kerze unter dem Hoch der Vorkerze liegt und der Tiefkurs oberhalb des Tiefs vom Vortag liegt. Inside Bars indizieren zurückgehende Handelsspannen bzw. zurückgehende Volatilität. Im aktuellen Beispiel könnte man also davon ausgehen, dass der Verkaufsdruck zurückgeht. Zusätzlich zeigt das aktuelle Beispiel, dass jene Kerze, die dem Inside Bar voraus geht, in die Richtung des Down-Gaps gerichtet ist. Dies ist ein gutes Zeichen. Der Einsieg erfolgt dann knapp oberhalb des Hochs des Inside Bars. Der Stopp-Loss liegt knapp unter dem Tief. In unserem Fall liegt der Stopp-Loss bei 61,16 USD, also 0,04 USD unter dem Tief der aktuellen Kerze, welches bei 61,20 USD lag. Das Kursziel bestimmen wir beim Schlusskurs des Vortages, also bei 65,03 USD. Wir erhalten demnach ein Chance/Risiko Verhältnis von 2,35. Dieser Wert ist durchaus attraktiv.

Genau wie auch bei der ersten Strategie ist auch diese für Gaps in die Gegenrichtung anwendbar. Kommt es also zu einem Up-Gap und tritt danach ein Inside Bar auf, kann man den Stop-Loss knapp oberhalb des Hochs des Inside Bars platzieren. Der Einstieg erfolgt sobald das Tief des Inside Bars unterschritten wird, das Kursziel kann beim Hoch- oder Schlusskurs des Vortages gewählt werden.

Direct Market Access

Wir haben bereits über OTC (Over the Counter) gesprochen. Direct Market Access, also die direkte Anbindung an Börsen ist für Daytrader jedoch wesentlich attraktiver. Viele CFD-Broker überzeugen mit schlanker Kostenstruktur und großem Hebel. Das ist oftmals genau das, was der Trader mit dem kleinen Konto sucht. Doch warum sollte man auf Professionalität verzichten, nur weil man mit einem kleinen Konto handelt? Lassen Sie sich niemals unter Wert verkaufen.

Worum handelt es sich bei Direct Market Access eigentlich? Grundsätzlich beschreibt Direct Market Access die direkte Anbindung an eine Börse oder ein ECN (Electronic Communication Network). Im Gegensatz zum Over the Counter Handel, den viele CFD-Broker anbieten, sind Sie Ihrem Broker beim DMA Trading nicht so ausgeliefert. Es kann durchaus vorkommen, dass die Ausführung einer Order bei OTC-Brokern sehr lange dauern kann. Dies können Sie als professioneller Daytrader jedoch auf keinen Fall zulassen. Zum einen nicht, weil Sie unbedingtes Vertrauen zu Ihrem Broker brauchen, zum anderen nicht, weil professionelles Trading so nicht möglich ist.

Der Direct Market Access beschreibt jedoch nicht ausschließlich die Anbindung beim Trading von CFDs, sondern bei allen möglichen Finanzinstrumenten. Wenn Ihr Konto erst einmal einen gewissen Betrag überschritten hat, dann werden Sie vermutlich auf andere Finanzinstrumente wie Single Stock Futures oder ähnliches umsteigen. Single Stock Futures haben Eigenschaften, die gerade beim Daytrading von großem Vorteil sind. Zum einen ist Shorten mit diesen Futures möglich, zu anderen stehen auch hier große Hebel zur Verfügung. Auch die Transaktionskosten für Aktien fallen weg, da Single Stock Futures in der Regel im Wege des Barausgleichs abgewickelt werden. Somit sind hohe Tradingfrequenzen von geringerer Auswirkung auf das Tradingkonto, als bei direkten Investments in verschiedene Aktien.

Im Gegensatz zu CFDs handelt es sich bei Single Stock Futures jedoch um Futures. Das bedeutet, dass diese hinsichtlich des Kontraktwertes und der Laufzeit standardisiert sind. Während CFDs also keine limitierte Laufzeit aufweisen, tun es Single Stock Futures sehr wohl. Wenn man aber bedenkt, dass man als Daytrader ohnehin keine Übernachtposition hält, dann wird einem sehr schnell klar, dass es sich hierbei keinesfalls um einen bedeutenden Nachteil handeln kann. Die Standardisierung hat sogar einen Vorteil: Sie ermöglicht nämlich den liquiden Börsenhandel mit Futures.

Beim Handel mit Single Stock Futures sollte man einige Dinge beachten. Zum einen wie groß die Kontraktgröße ist, zum anderen die Tickgröße und die Abrechnungsmethode bzw. die Margin-Anforderungen. Wenn Sie sich über diese Faktoren einen Überblick verschafft haben, dann können Sie mit gutem Gewissen zu traden beginnen. Allerdings sollten Sie sich noch einen Überblick über die Gebührenmodelle machen. Diese variieren von Broker zu Broker.

Daytrading und Technische Analyse

Es gibt eine endlose Diskussion zwischen Anhängern der Technischen und der Fundamentalen Analyse. Eine endgültige befriedigende Lösung ist mir persönlich nicht bekannt, sie ist aber auch gar nicht notwendig. Man muss einfach nur einen Stil finden, der zu einem selbst passt. Es gibt durchaus Investoren, die ein Gespür für langfristige Veränderungen an den Märkten haben, bzw. die Potential von verschiedenen Firmen auf lange Sicht gut einschätzen können. Diese Fähigkeiten helfen einem beim Daytrading nicht weiter. Hier gilt es Positionen zu betreuen, deren Haltedauer wenige Minuten betragen kann. Aus diesem Grund stellt die Technische Analyse auch die einzig sinnvolle Methode dar, um zu Entscheidungen zu kommen.

Unterstützung und Widerstand

Gerade bei kurzfristigen Positionen ist die Bedeutung von Unterstützung und Widerstand nicht zu unterschätzen. Ein Widerstand stellt dabei ein Kursniveau dar, das der Kurs temporär nicht überschreiten kann. Am besten ist ein solches zu erkennen, wenn ein Hoch gebildet wird, und einige Zeit später ein weiteres Hoch auf demselben Niveau zu erkennen ist.

Bei einer Unterstützung handelt es sich genau um das Gegenteil. Während ein Widerstand ein Kursniveau darstellt, das der aktuelle Preis nicht überschreiten kann, oder das immer wieder gehalten hat, verhält es sich bei der Unterstützung umgekehrt. Eine Unterstützung stellt ein Kursniveau dar, das der Preis nicht unterschreitet. Unterstützungsniveaus stellen attraktive Preisbereiche dar, um Long-Positionen einzugehen. Hier können mitunter phantastische Trades mit hohen Chance/Risiko Verhältnissen eingegangen werden. Ganz wichtig ist jedoch, dass es sich bei einer Unterstützung auch tatsächlich um eine Unterstützung handelt. Nur weil ein Kursniveau einmal unterstützend agiert hat, muss es das nicht wieder tun. Je öfter eine Unterstützung hält, desto aussagekräftiger ist sie.

Chart 3: Widerstand

Chart 4: Unterstützung

Es gibt viele Trader, die ihre Tradingentscheidungen ausschließlich an Unterstützung und Widerstand orientieren. Diese Methode kann durchaus funktionieren. In erster Linie muss man jedoch einen Stil finden, der zu einem passt. Das kann unter Umständen sogar das Trading eines einzigen Setups sein.

Der Stop-Loss

In diesem Buch ist immer wieder davon die Rede, dass man beim Eingehen einer Position nur sehr wenige Faktoren kennt. Einer dieser Faktoren ist der Stop-Loss. Dieser gibt einem Aufschluss darüber, wie viel man mit einer einzigen Position verlieren wird, falls sie ausgestoppt wird. Um zu wissen, wie sich dieser Verlust auf das gesamte Risikokapital auswirken wird, muss noch die Positionsgröße bestimmt werden. Darauf werden wir aber noch später zu sprechen kommen.

Eben erst haben wir von Unterstützung und Widerstand gesprochen. Jetzt geht es darum, wie wir diese praktisch in unser Trading einbinden können. Wie bereits erwähnt, ermöglichen es signifikante Unterstützungsbereiche (aber auch Widerstandsbereiche) attraktive Chance/Risikoverhältnisse zu realisieren. Doch warum ist das so? Je öfter eine Unterstützung gehalten hat, desto größer ist die Wahrscheinlichkeit, dass sie bei der nächsten Berührung ebenfalls halten wird. Der Stop-Loss kann somit verhältnismäßig eng gewählt werden. Wird eine wichtige Unterstützung nämlich gebrochen, ist dies ein starkes Anzeichen für Momentum, welches die Gegenrichtung zur eingegangenen Position darstellt. Aus diesem Grund sollte man versuchen, den Schaden möglichst gering zu halten. Dasselbe gilt natürlich für Shortpositionen in der Nähe von Widerstandsniveaus. Grundsätzlich werden Stop-Losses bei Longpositionen immer knapp unterhalb des Unterstützungsniveaus platziert, bei Shortpositionen hingegen knapp über einem Widerstandsniveau. In der Praxis hat sich außerdem bewährt beim Eingehen von Gegenposition in der Nähe dieser Niveaus nicht das Erreichen eines bestimmten Kursniveaus gänzlich abzuwarten, weil sich Kurse immer wieder in der Nähe von Unterstützungs- bzw. Widerstandsniveaus bewegen ohne diese gänzlich zu erreichen. Verzichtet man nun auf diese Trades, kann das hohe Opportunitätskosten zur Folge haben.

Chart 5: Stopp-Loss Long-Position

Wir erkennen hier den 10-Minutenchart von Amazon. Wie man sehen kann, ist der Kurs von Amazon zunächst gefallen, konnte danach jedoch wieder etwas zulegen. Bei 73,14 USD erkennen wir eine gestrichelte Linie. Diese stellt einen Tiefwert dar, der mehrmals getestet wurde, jedoch noch nicht gebrochen wurde. Will man nun also einen Stopp-Loss für eine Long-Position definieren, sollte man diesen unterhalb der Unterstützung platzieren, etwa bei 72,95 USD. Amazon notiert übrigens an der US-Technologiebörse Nasdaq.

In Chart 6 sehen wir den 10-Minutenchart von SanDisk. Man erkennt ganz deutlich das bearishe Momentum, das in den letzten Handelstagen geherrscht hat. Dies wird durch die Abwärtstrendlinie indiziert. Bei 25,68 USD liegt ein Widerstand, der seit geraumer Zeit nicht mehr überschritten wurde. Ein möglicher Stop-Loss für eine Shortposition liegt bei 25,77 USD, also 0,07 Dollar über dem Widerstand.

Hat man erst einmal den Stop-Loss berechnet, was in der Praxis bereits nach wenigen Trades sehr schnell von der Hand geht, dann befindet man

Chart 6: Stop-Loss Short-Position

sich zwar schon auf einem guten Weg, eine Position muss dennoch nicht zwangsweise eingegangen werden. Statistische Auswertungen des Tradings helfen einem dabei zu erkennen, ob man dazu neigt die eigenen Stops zu eng oder zu weit zu wählen. Diese Auswertungen können einem zwar nicht dabei helfen den optimalen Stop-Loss-Bereich zu finden, unterstützen einen aber dabei im Durchschnitt bessere Entscheidungen zu finden, welche sich im Trading als bessere Performance auswirken werden.

Der Begriff Chance/Risiko Verhältnis wurde und wird in diesem Buch immer wieder genannt. Es stellt das Verhältnis zwischen Entfernungen zum Kursziel und Entfernung zum Stop-Loss dar. Die Entfernung zum Stop-Loss kennen wir nun, doch wie bestimmt man das Kursziel?

Das Kursziel

Um das Chance/Risiko Verhältnis zu berechnen, benötigen wir nicht nur den Stop-Loss, sondern auch ein Kursziel. Es gibt viele unterschiedliche Methoden um das Kursziel zu bestimmen. Wir werden hier einige besprechen.

Kommen wir zunächst auf Unterstützung und Widerstand zurück. Wenn wir beispielsweise eine Longposition in der Nähe einer Unterstützung eingehen, dann legen wir den Stop-Loss knapp unterhalb der Unterstützung fest. Danach begeben wir uns auf die Suche nach einem Widerstand. Genau wie beim Stop-Loss legen wir auch das Kursziel knapp unterhalb fest. Es ist also nicht notwendig, dass der Kurs exakt den Widerstandsbereich erreicht, damit unser Trade zum Erfolg wird.

Bei Shortpositionen verhält es sich genau umgekehrt. Der Stop-Loss wird knapp über einem bedeutenden Widerstandbereich festgelegt, das Kursziel jedoch knapp über einem wichtigen Unterstützungsniveau.

In Chart 7 erkennen wir die Kursentwicklung von Amazon auf 10-Minutenbasis. Man erkennt sehr schnell, dass bis vor kurzem fallende Kurse zu beobachten waren. Danach konnte der Kurs jedoch kurzfristig auf bis zu 77,25 USD steigen. Der letzte signifikante Unterstützungsbereich liegt bei 73,14 USD. Ein möglicher Stop-Loss für eine Long-Position liegt bei 72,95 USD; also etwas unterhalb. Das Kursziel könnte man bei 77,25 USD definieren. Wir wählen allerdings 77,05 USD, damit wir auch bei einer „Beinahe-Erreichung« des Hochs einen Gewinntrade realisieren können. Das Risiko bei diesem Trade beträgt 1,25 USD pro Aktie. Der potentielle Gewinn liegt bei 2,28 R, also 2,85 USD. Wählt man das Kursziel bei 77,25 USD erhöht sich der R-Vielfache Wert sogar.

Chart 8 zeigt den 10-Minutenchart von Vertex Pharmaceuticals Incorporated. Nachdem sich der Kurs kürzlich zwischen den Marken 20,66 USD und 20,30 USD bewegt hatte, wurde die Unterstützung signifikant gebrochen. Der Stop-Loss liegt bei 20,73 USD, also knapp über dem letzten wichtigen Widerstand bei 20,66 USD. Das Kursziel liegt bei 19,43 USD, wo ein alter Tiefkurs als Unterstützung dient. Wir erhalten ein Chance/

Chart 7: Beispiel – Stop-Loss und Kursziel (Longposition)

Chart 8: Beispiel – Stop-Loss und Kursziel (Shortposition)

Risiko Verhältnis von lediglich 2,02. Das liegt zwar über 2,00, allerdings nur sehr knapp. Wenn man das Kursziel beispielsweise bei 19,45 USD festlegen würde, dann betrüge das Chance/Risiko Verhältnis lediglich 1,98. In einem solchen Fall ist von einer Position abzusehen.

Man kann das Kursziel also anhand von Unterstützungen und Widerständen bestimmen. Eine andere Methode stellt die Berechnung über den Stop-Loss dar. Diese Methode hat keinen hohen Bekanntheitsgrad, stellt aber, wenn man daran glaubt, dass Kursentwicklungen nicht vorhersehbar sind eine interessante Alternative dar. Und sie hat sich auch in der Praxis durchaus bewährt. Doch worum handelt es sich bei der Berechnung über den Stop-Loss eigentlich?

Bevor man einen Trade eingeht, wartet man zunächst die Signalgenerierung ab. Dies kann beispielsweise die Annäherung an signifikante Unterstützungs- oder Widerstandsniveaus, durchaus aber auch ein Bruch ebensolcher Niveaus sein. Danach wird der Stop-Loss berechnet. Sie müssen selbst bestimmen, ob Sie den Stop-Loss so definieren können, dass Sie ihn für vernünftig halten. Wenn dies geschehen ist, können Sie das Kursziel berechnen. Hierzu bestimmen Sie ganz einfach das angestrebte Chance/Risiko Verhältnis. Wenn Sie beispielsweise ein Chance/Risiko Verhältnis von 2 erreichen wollen (darunter sollte es nicht liegen), dann müssen Sie nur die Distanz zwischen Einstiegskurs und Stop-Loss berechnen und diesen verdoppeln, um ein Kursziel zu erreichen. Werfen wir einen kurzen Blick auf die Berechnung des Chance/Risiko Verhältnis um der Verwirrung ein wenig entgegen zu wirken.

Chance Risiko Verhältnis(Longposition) = (Kursziel – Einstiegskurs) / (Einstiegskurs – Stopp-Loss)

Chance Risiko Verhältnis(Shortposition) = (Einstiegskurs Kursziel) / (Stopp-Loss Einstiegskurs)

Um die ganze Idee noch einmal zu verdeutlichen, werden wir je ein Beispiel für eine Long-Position und eines für eine Short-Position durchgehen.

In Chart 9 sehen wir den 10-Minutenchart von Sun Microsystems. Wie man erkennen kann, ist eine Aufwärtstrendlinie zu sehen. Bei 17,42 USD zeigte sich dann jedoch ein Widerstand, der einige Zeit nicht überschrit-

Chart 9: Beispiel – Kursziel über Stop-Loss (Longposition)

ten werden konnte. Das letzte wichtige Tief war bei 17,16 USD zu finden. Wenn man also einen Ausbruch über den Kurs von 17,42 USD abwartete, konnte man bereits ein potentielles Stop-Loss Niveau festlegen. In unserem Beispiel liegt es bei 17,09 USD also 0,07 USD unter dem letzten wichtigen Tief. Das Kursziel liegt bei 18,08 USD und errechnet sich ganz einfach aus der Spanne zwischen Widerstandsniveau bei 17,42 USD und Stopp-Loss Niveau bei 17,09 USD. Diese Spanne lag bei 0,33 USD. Das Kursziel musste folgerichtig 0,66 USD vom Widerstandsniveau entfernt liegen, also bei 18,08 Euro.

In Chart 10 erkennt man den 10-Minutenchart von Paychex. Wie man sehr schnell erkennen kann, sind die Kurse in jüngster Vergangenheit gepurzelt. Bei 33,00 USD war jedoch Schluss, diese Unterstützung hielt gleich mehrmals. Überdies ist bei 33,56 USD ein Widerstand zu erkennen. Ein möglicher Stop-Loss für eine Shortposition könnte bei 33,62 USD liegen, also knapp über dem letzten Widerstand. Die Distanz zwischen Stop-Loss und Unterstützungsbereich liegt bei 0,62 USD. Im Falle eines Bruchs der Unterstützung liegt das Kursziel also bei 31,76 USD, der

Chart 10: Beispiel – Kursziel über Stop-Loss (Shortposition)

zweifachen Distanz. Wie man erkennen kann zeigt die vorletzte Kerze bereits einen Bruch der Unterstützung.

Fibonacci

Ein weiterer Weg um potentielle Kursziele zu bestimmen liegt in der Anwendung der Fibonacci-Linien. Kommt es zu einem deutlichen Swing, dann wird eine Fibonacci vom Hochkurs bis zum Tiefkurs gezogen. Zwischen diesen beiden Extremmarken werden dann die Fibonacci-Linien eingezeichnet. Anhand eines Beispiels werden wir beleuchten, wie das genau aussieht. Zunächst sollten wir uns aber einmal der Berechnung und Bedeutung von Fibonacci Zahlen bewusst werden.

Grundsätzlich handelt sich dabei um eine mathematische Folge nichtnegativer Zahlen. Die ersten beiden Werte lauten 0 und 1. Jede weitere Zahl wird aus der Summe der beiden Vorgänger berechnet. Hier der Anfang der Fibonacci-Zahlenreihe, die beliebig fortgesetzt werden kann:

0, 1, 1, 2, 3, 5, 8, 13, 21, 34, 55, 89, 144, 233, 377, 610, ...

Das Muster lässt sich sehr einfach erkennen. Was das alles mit Trading zu tun haben soll? Dazu müssen wir erst ein paar andere Fragen beantworten. Wie man sehr schnell erkennt, steigen Fibonacci-Zahlen sehr schnell sehr stark an. Interessant ist jedoch vielmehr in welchem Verhältnis die Zahlen zueinander stehen. Wenn man eine Zahl nämlich durch die nächste dividiert, dann erhält man ein Ergebnis von etwa 0,618. Je größer die Zahl wird, desto stärker nähert sich das Ergebnis an. Hier ein paar Beispiele:

5 / 8 = 0,625
8 / 13 = 0,615
13 / 21 = 0,619
21 / 34 = 0,618
34 / 55 = 0,618

Dividiert man eine Zahl jedoch nicht durch die nächste, sondern durch die übernächste Zahl, dann erhält man in etwa einen Wert von 0,382. Auch hier veranschaulichen ein paar Beispiele die Systematik:

5 / 13 = 0,385
8 / 21 = 0,381
13 / 34 = 0,382
21 / 55 = 0,381
34 / 89 = 0,382

Neben den beiden Werten von 0,618 und 0,382 spielt auch die Zahl 0,5 eine wichtige Rolle. Es gibt auch noch zahlreiche weitere wichtige Verhältnisse. In der Technischen Analyse sind die Verhältnisse dafür wichtig, um Indikationen für potentielle Unterstützungs- und Widerstandsbereiche zu liefern. Wie wir bereits bemerkt haben, sind diese Niveaus grundlegende Einflussfaktoren bei der Bestimmung von Stop-Loss und Kurszielen.

Chart 11 zeitgt den Chart von Cisco auf 10-Minutenbasis. Man erkennt eine deutliche Abwärtsbewegung von 26,08 USD auf 23,70 USD. Zusätzlich wurden die bereits angesprochenen Fibonacci-Niveaus von 61,8 %, 50 % und 38,2 % eingezeichnet. Und auch das Fibonacci-Niveau von 23,6 % ist zu sehen. Der Kurs bewegt sich in unmittelbarer Nähe dieses

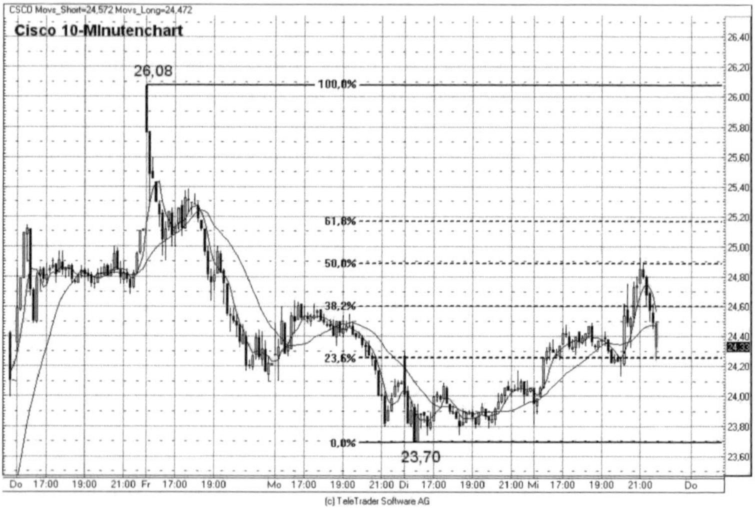

Chart 11: Fibonacci

Levels. Man sieht deutlich, dass das 23,6 % Niveau als Unterstützung dient. Überdies wurde das 50 % Niveau bereits erreicht, diente allerdings als Widerstand. Ein solcher potentieller Widerstand liegt auch bei 61,8 %. Hier liegen also mögliche Kursziele.

Auf diesem Chart sieht man eine Abwärtsbewegung. Natürlich lassen sich die Fibonacci-Niveaus auch nach Aufwärtsbewegungen einzeichnen und anwenden. Sie sollten die Fibonacci-Linien jedoch niemals als isoliertes Kauf- oder Verkaufkriterium betrachten, sondern diese Technik in Verbindung mit anderen kombinieren.

Level II

Viele Daytrader verlassen sich bei ihrem Trading auf Unterstützung und Widerstand. Anhand einiger Beispiele haben wir bereits erläutert, wie dies funktioniert. Andere Daytrader wiederum verlassen sich auf Indikatoren. Manche von ihnen konzentrieren sich dabei auf klassische Indikatoren, wie gleitende Durchschnitte, den RSI oder einen der verschiedenen Oszillatoren. Die meisten basteln sich jedoch im Laufe der Zeit einen eigenen Indikator, der ihnen bei Kauf und Verkaufsentscheidungen hilft. Die wichtigsten Indikatoren für Daytrading werden im nächsten Kapitel behandelt.

Vor allem in den USA, aber auch bei uns in Europa werden LEVEL II-Daten immer beliebter. Diese können vor allem Daytradern dabei helfen schnellere und eindeutigere Entscheidungen zu treffen. Doch wie funktioniert Level II eigentlich? Und lenken mich zusätzliche Informationen nicht noch mehr vom eigentlich Wichtigen ab?

Zunächst wollen wir uns der ersten Frage widmen. Nämlich jener nach der grundsätzlichen Funktionsweise der Level II-Daten. Wie genau ein Fenster mit Level II-Quotierungen aussieht, hängt immer von der jeweiligen Software ab. Die elementaren Bestandteile findet man jedoch immer. Zum einen wird natürlich beschrieben, um welches Underlying es sich handelt. Und danach kommt es schon zum Wesentlichen. Nämlich dem Fenster mit den Bid (Geldkurse) und den Ask Kursen (Briefkurse). Das Fenster mit den Geldkursen zeigt dem Daytrader jene Kurse, zu denen eine andere Partei bereit ist, eine gewisse Anzahl an Papieren zu kaufen. Das Fenster mit den Briefkursen zeigt natürlich genau die Gegenseite. Und zwar jene Kurse, zu denen eine andere Partei bereit ist eine gewisse Anzahl an Papieren zu verkaufen.

Zur eindeutigen Identifizierung der Gegenpartei werden diese mit Kürzeln zusammengefasst. Diese geben Aufschluss darüber, welcher Market Maker oder welches ECN die Order platziert hat. Doch natürlich ist für den Trader nicht nur von Interesse, zu welchem Preis eine Partei handlungswillig ist, sondern auch die Menge. Große Verkaufsorders üben nämlich gewissen Verkaufsdruck auf einen Basiswert aus, große Kauforders hingegen sprechen eine bullishe Sprache, führen also zu Kaufdruck. Solche Informationen können für Daytrader verständlicherweise sehr nützlich sein. Wenn man nämlich schon vorher auf aufkeimenden Kauf- bzw. Verkaufsdruck aufmerksam gemacht wird, dann kann man frühzeitig gute Entscheidungen treffen.

Sie haben sich bestimmt schon gefragt, warum diese Daten eigentlich Level II heißen. Wo es einen zweiten Teil gibt, muss es doch einen ersten geben. Und Sie liegen natürlich richtig, es gibt Level I-Daten, diese unterscheiden sich jedoch nicht signifikant von Level II-Daten. Wie bereits beschrieben, gibt es ein zweigeteiltes Fenster, welches auf der einen Seite die Bid-Kurse auf der anderen die Ask-Kurse darstellt. Ganz oben in der jeweiligen Spalte befinden sich jene Kurse, die dem aktuellen Kurs am nächsten kommen. Der Bid-Kurs, der sich dem aktuellen Kurs am nächsten befindet, sowie der Ask-Kurs, der sich dem aktuellen Kurs am nächsten befindet bilden den „Inside Market«. Wird nun ausschließlich diese eine Zeile mit dem „Inside Market« angezeigt, dann spricht man von Level I Daten bzw. Quotierungen.

Bei Level II-Daten verhält es sich wie bei den meisten Werkzeugen im Trading. Richtig eingesetzt sind sie von äußerst hohem Wert. Große Kauf und Verkaufsorders können einem dabei helfen eine Position, mit der man ohnehin nicht mehr besonders glücklich war, mit gutem Gewissen zu schließen. Für erfahrene Trader ist dies tatsächlich von hohem Wert. Ist man jedoch Tradingneuling oder grundsätzlich ein wenig unsicher, was das eigene Trading betrifft, dann beginnt die subjektive Wahrnehmung einzugreifen. Gerade hat man eine Position eröffnet, schon erkennt man, dass auf der Verkaufsseite Druck entsteht. Hat man die falsche Wahl getroffen? Wird man gleich ausgestoppt? Muss man etwa schon wieder einen Verlust-Trade hinnehmen? All diese Fragen schießen dem unerfahrenen Trader durch den Kopf. Wer es schafft unter all diesen Einflüssen auch noch seinen Plan im Kopf zu behalten, der hat schon einiges erreicht.

Wenn man eine Position aufbaut, dann erkennt man oftmals einen Unterschied zwischen dem Kurs, zu dem man kaufen kann und jenem, zu dem man verkaufen kann. Je liquider ein Basiswert ist, das bedeutet, je höher das gehandelte Volumen ist, desto enger ist der Spread und desto einfacher ist es eine Position zum gewünschten Preis zu eröffnen bzw. eine solche Position rasch wieder glattzustellen. Außerhalb der Handelszeiten ist der Spread teilweise exorbitant hoch. Das liegt am sehr geringen Volumen zu dieser Zeit. Aufgrund des geringen Volumens kommt es auch immer wieder zur Bildung von Kurslücken zwischen zwei Handelstagen. Was das alles mit Level II zu tun hat? Ganz einfach. Der Preisunterschied zwischen dem besten Bid-Preis und dem besten Ask-Preis (also Level I) gibt an, wie groß der Spread ist.

Seit dem Auftreten von CFDs in Kontinentaleuropa gehört das Shorten zum guten Ton eines aufgeschlossenen Traders. Konnte man früher lediglich über Optionsscheine Shortpositionen eröffnen, ist dies nun ganz einfach möglich. Aktien direkt zu shorten ist in Deutschland kaum möglich. In den USA jedoch sehr wohl, und hier kam früher auch die Uptick-Regel ins Spiel. Um den schnellen Preisverfall von stark geshorteten Aktien zu vermeiden, war es notwendig, dass es zu einem Uptick kommt, bevor man eine Shortposition eröffnen konnte. Fällt der Kurs einer Aktie beispielsweise direkt von 50 $ auf 40 $, ohne dabei einen Uptick zu bilden, dann war die Eröffnung einer Shortposition zwischen diesen beiden Werten nicht möglich. Ein Level II-Bildschirm half einem vor allem beim Trading von amerikanischen Titeln, was bei Daytradern immer noch ziemlich beliebt ist, einen Up-Tick zu identifizieren und somit die Shortposition richtig zu timen.

Viele Daytrader arbeiten gerne mit Level II. Es verhält sich dabei so wie mit allen vorgestellten Werkzeugen. Isoliert sind sie nicht sonderlich nützlich, in Kombination mit anderen Techniken jedoch sehr wohl.

Die Exitstrategie

Wir haben jetzt geklärt, wie man zu einem Stop-Loss kommt, und wie man Kursziele berechnen kann. Wenn der Stop-Loss bei einer Position erreicht ist, dann geht alles sehr schnell. Die Position wird geschlossen. Es ist sehr wichtig, dass man die Stop-Loss Order unmittelbar nach dem Eingehen der Position platziert. Das macht das Glattstellen der Position einfacher, sollte dies notwendig sein. Vergessen Sie niemals: Der Stop-Loss wird immer nur in eine Richtung angepasst – und zwar in die verlustverringernde Richtung. Bei Long-Positionen darf der Stop-Loss also nur nach oben angepasst werden, bei Shortpositionen nach unten.

Der Stop-Loss begrenzt die Verluste. Wie lässt man aber Gewinne laufen? Tja, hierzu muss man an jene Fälle denken, in denen das Kursziel erreicht wird. Viele Trader sind der Meinung, dass man Positionen unmittelbar nach dem Erreichen des Kursziels glattstellen sollte. Andere meinen, dass man dadurch seine Gewinne nicht laufen lässt. Ganz einfach deswegen, weil man potentiell größere Gewinne damit ausschließt. Dem kann man entgegen halten, dass man dadurch das Verlustpotential reduziert.

Es gibt keine eindeutige Antwort auf die Frage, welche nun die beste Strategie sei. Es kommt auf mehrere Faktoren an. Ein ganz wichtiger Faktor ist Zeit. Sollte der Markt ohnehin bald schließen, dann macht es durchaus Sinn die Position bei Kurszielerreichung zu schließen. Die Märkte werden in den letzten Handelsminuten gerne sehr volatil. Und dieser Volatilität sollte man sich nur bewusst aussetzen.

Im Grunde genommen liegt die Antwort auf die Frage nach der optimalen Exitstrategie in der Qualität ihres Tradingtagebuchs. Je nachdem welche Schlüsse die Informationen die Sie über sich selbst sammeln zulassen, werden sie eine gute oder schlechte Antwort erhalten.

Positionsgrößenbestimmung

Im Teil über den Stop-Loss haben wir kurz das Thema Positionsgröße gesprochen. Dieses Thema wird uns auch noch im Kapitel über Money Management begegnen, dennoch möchte ich hier kurz klarstellen, worum es eigentlich geht. Wenn man ein System gefunden hat, das einen positiven Erwartungswert hat, dann kann man dies nur dann gewinnbringend anwenden, wenn man jedem Trade dasselbe Gewicht zugesteht, zumindest anfangs. Es macht keinen Sinn die Positionsgrößen wild durcheinanderzumischen, nur weil man bei einem Trade ein besseres Gefühl hat, als bei einem anderen.

Grundsätzlich legt man bei der Positionsgrößenbestimmung nur fest, wie stark sich ein einzelner Verlust auf das Gesamtportfolio auswirken darf. Wann dieser Verlust eintritt, und mit welchem Trade dies geschieht ist dabei irrelevant. Wenn man beispielsweise ein Tradingkonto mit 10.000 Euro betreut und sich dazu entschließt bei jedem einzelnen Trade maximal 1 % des Kapitals zu riskieren, dann setzt man mit jeder Position 100 Euro aufs Spiel. Diese 100 Euro entsprechen genau 1R. Natürlich kann Ihr Tradingkapital im Laufe der Zeit auf beispielsweise 20.000 Euro anwachsen. In diesem Fall entspricht der riskierte Betrag zwar 200 Euro, aber immer noch 1 % Ihres Tradingkapitals. Im Kapitel über Money Management werden wir klären, welchen Unterschied es ausmacht, ob man mit statischen R-Vielfachen operiert oder aber mit dynamischen.

Doch wie kann man sicher sein, dass man höchstens exakt den gewünschten Betrag mit einem einzelnen Trade verliert. Das ist ganz einfach. Wenn Sie den Stop-Loss bei einem Aktien-Trade genau 1,00 Euro unter dem Einstiegsniveau gewählt haben, dann darf Ihre Position genau 100 Aktien umfassen. Wenn diese 100 Aktien dann um 1,00 Euro gefallen sind, wird Ihre Tradingkonto mit einem Minus von 100 Euro belastet. Sie haben also genau 1 R verloren. Man darf jedoch nicht die Kosten vergessen, die mit dem Eingehen und Schließen eines Trades verbunden sind. Diese Kosten sollten in 1 R enthalten sein. Wenn also insgesamt 10,00 weiter Euro für Kommissionen und Gebühren fällig sind, dann können Sie maximal 90 Aktien kaufen.

Welche Probleme auftreten können, wenn man sich nicht diszipliniert an einen maximalen Verlust von 1R hält, und andere wichtige Dinge in Bezug auf Positionsgrößenbestimmung, betrachten wir im Kapitel „Die Anfängerfehler«.

Zusammenfassung

Dieses Kapitel hat sehr viele wichtige Komponenten beim Daytrading abgedeckt. Zum einen haben wir geklärt, welche Anforderungen man als Daytrader an Hardware, Software und Broker hat, zum anderen haben wir Methoden kennen gelernt, um Kursziele oder Stop-Loss Niveaus zu bestimmen. Jeder Trader muss selbst Systeme und Methoden entwickelt, die zu seiner Tradingpersönlichkeit passen, deshalb fällt es mir auch schwer, Empfehlungen hierzu abzugeben. Eines kann ich aber ganz sicher sagen. Verlassen Sie sich auf einfache Strategien und greifen Sie nicht auf zu viele Einflussfaktoren zurück. Dieses Kapitel hat das Konzept von Unterstützung und Widerstand erläutert, und wie man mit diesen zu Kauf- und Verkaufsignalen bzw. Kurszielen und Stop-Losses kommt. Im nächsten Kapitel werden wir gängige Indikatoren kennenlernen die uns dabei helfen den aktuellen Trend zu bestimmen, bzw. uns ein Bild über die Stimmung und die Volatilität an den Märkten zu machen.

simplified

4 Die wichtigsten Indikatoren beim Daytrading

Wir haben bereits besprochen, dass die Technische Analyse beim Daytrading eine elementare Rolle einnimmt. Ein ganz wichtiger Teil der Technischen Analyse stellen Indikatoren dar. Es gibt eine Vielzahl von Indikatoren, und einige davon sind auch unter Daytradern sehr beliebt. Welche das sind, und welche Rolle das Volumen beim Daytrading einnimmt, werden wir in diesem Kapitel klären.

Gleitende Durchschnitte

Zunächst widmen wir uns jedoch der Klassifizierung der verschiedenen Indikatoren. Ein gleitender Durchschnitt stellt nichts anderes dar, als das arithmetische Mittel der Kurse über eine bestimmte Periode. In den meisten Fällen wird zur Berechnung der Schlusskurs herangezogen. Und auch der Begriff »arithmetisches Mittel« ist sehr schnell erklärt. Er besagt nichts anderes, als dass die Summe aller beobachteten Schlusskurse durch deren Anzahl dividiert wird. Wenn ein einfacher gleitender Durchschnitt also über 10 Perioden berechnet wird, dann addiert man die letzten 10 Schlusskurse und dividiert diese Summe dann durch 10. Je nach Einstellung ändern sich die zu addierenden Werte bzw. der Divisor.

Am besten ist jedoch, wenn wir diese Indikatorenart anhand eines Charts erklären.

Am Chart 12 ist der Kursverlauf von Google auf 10-Minutenbasis zu sehen. Es ist mit freiem Auge erkennbar, dass das Papier derzeit unter Druck steht. Die Kursbewegungen wirken jedoch relativ nervös. Die eingezeichnete Linie stellt den einfachen Gleitenden Durchschnitt dar. Dieser wurde über 21 Perioden berechnet, also die letzten 21 Schlusskurse herangezogen. Man kann zwar mit Gleitenden Durchschnitten durchaus ganze Systeme programmieren, die auch durchaus Erfolg haben können. Die Stärke dieser Systeme liegt jedoch darin, die wenigen großen Gewin-

Chart 12: Einfacher gleitender Durchschnitt

ner möglichst lange laufen zu lassen. Die Möglichkeit bleibt uns beim Daytrading alleine schon wegen der begrenzten Haltedauer nicht. Daher wird der gleitende Durchschnitt in erster Linie verwendet, um die Trendrichtung zu bestimmen. Bewegt sich der Kurs über der Durchschnittslinie, dann spricht man von einem Aufwärtstrend, bewegt er sich darunter, dann spricht man von einem Abwärtstrend. Signale werden immer dann generiert, wenn der Kurs die Gleitende Durchschnittslinie durchbricht. Wenn dies von unten nach oben geschieht, ist das ein Long-Signal, geschieht es jedoch von oben nach unten, dann erhält man ein Shortsignal.

Zusammenfassend kann man sagen, dass der Gleitende Durchschnitt seine Stärke erst dann unter Beweis stellen kann, wenn es zu Trendphasen kommt. Durch die Berechnungsart des gleitenden Durchschnitts kommt es bei Extremwerten, etwa dem deutlichen Down-Gap zwischen den letzten beiden Handelstagen zu starken Verzerrungen. In diesem Fall führt das Herausfallen aus der Berechnung zu starken Bewegungen der Durchschnittslinie. Bei der Berechnung des einfachen gleitenden Durchschnitts ist überdies darauf zu achten, dass jeder Wert, der in die Berechnung miteinbezogen wird, dieselbe Gewichtung hat.

Exponentiell gleitende Durchschnitte

Beim einfachen gleitenden Durchschnitt werden also alle Werte gleich gewichtet. Tatsächlich ist es aber oft so, dass Ereignisse, die in jüngerer Vergangenheit liegen stärker bewertet werden, als solche, die schon einige Zeit zurückliegen. Auf diesen Umstand geht der exponentiell gleitende Durchschnitt ein. Der aktuellste Wert erfährt dabei eine stärkere Gewichtung als der vorletzte. Das zieht sich so hin bis zum letzten Wert, der in die Berechnung einfließt und daher auch am schwächsten gewichtet wird.

Chart 13 stellt ebenfalls Google auf 10-Minutenbasis dar. Allerdings wurde diesmal der Exponentielle gleitende Durchschnitt gewählt. Wie man erkennen kann, liegt ein Großteil der Kursbewegung exakt auf der

Chart 13: Exponentiell gleitender Durchschnitt

gleitenden Durchschnittslinie. In solchen Fällen muss man natürlich davon Abstand nehmen, die eigenen Kauf und Verkauf-Entscheidungen anhand des Durchbrechens der Durchschnittslinie zu treffen.

Auch in diesem Beispiel sehen wir, wie stark sich das deutliche Down-Gap auf die Berechnung ausgewirkt hat, obwohl jüngere Ereignisse stärker in die Berechnung einfließen als ältere. Unmittelbar nach dem Down-Gap konnte das Papier nämlich deutlich zulegen. Bis zur neunten Kerze jedoch war der Durchschnitt sehr deutlich nach unten gerichtet. Derzeit befindet sich der Kurs wieder in unmittelbarer Nähe der Durchschnittslinie, es sollten daher keine Position aufgrund des Durchbrechens dieser Linie eingegangen werden. Auch bei der Berechnung des exponentiell gleitenden Durchschnitts wurden 21 Perioden herangezogen.

Der MACD

Der MACD wurde von Gerald Appel erfunden und stellt heute ein sehr populäres Instrument beim Trading vieler Börsianer dar. Egal auf welcher Zeitebene, der MACD ist sehr universell einsetzbar.

MACD steht für Moving Average Convergence Divergence (also das Zusammen- bzw. Auseinanderlaufen von gleitenden Durchschnitten). Wie auch bei den vorgestellten gleitenden Durchschnitten handelt es sich auch beim MACD um eine Art Trendfolger. Der MACD stellt dabei den Unterschied zwischen zwei exponentiellen Gleitenden Durchschnitten dar. Zusätzlich gibt es noch eine Signallinie.

Auch bei diesem Beispiel habe ich die Grundeinstellungen der Chartsoftware herangezogen. Diese lauten: 26, 12, 9. Also 26 Perioden für den langen exponentiellen gleitenden Durchschnitt, 12 Perioden für den kurzen, und 9 Perioden für die Signallinie.

Die Formel sieht dabei folgendermaßen aus:

$$MACD = EMA(12) - EMA(26)$$

Chart 14: MACD

Unterhalb des Charts (es handelt sich hierbei erneut um den 10-Minutenchart von Google) erkennt man zwei Linien. Jene Linie, die stärkere Bewegungen darstellt und die andere Linie am Ende von oben nach unten durchstößt, ist dabei die MACD-Linie, die andere Linie stellt die Signallinie dar. Viele Trader blenden den MACD nur ein, weil sie damit sehr schnell erkennen könne, wie stark ein anhaltender Trend gerade ist, andere ziehen den MACD als Generator für Einstiegs- und Ausstiegssignale heran. Ein Signal wird immer dann generiert, wenn die Signallinie durchbrochen wird. Wer schneller reagieren will, der steigt bereits ein, sobald sich die MACD-Linie wieder der Nulllinie nähert.

Der MACD ist ein hervorragendes Instrument um schnell einen Überblick über die Trendstärke zu erhalten. Die eigenen Kauf- und Verkaufentscheidungen jedoch einzig alleine diesem Indikator zu überlassen halte ich für wenig vernünftig. Klar ist jedoch, dass weltweit sehr viele Trader den MACD betrachten. Dieser kann somit zur sich selbst erfüllenden Prophezeiung werden.

Stochastik

Bei den eben genannten drei Indikatoren handelt es sich um so genannte „lagging indicators« also nachlaufende Indikatoren. Alleine die Berechnungsmethode macht klar, warum dies so ist. Es gibt allerdings auch „leading indicators«, also Indikatoren die bereits frühzeitig zur Signalgenerierung führen. Im Gegensatz zu den nachlaufenden Indikatoren liegt die Stärke der leading indicators in Seitwärtszonen.

Eine der bekanntesten Indikatoren dieser Kategorie ist der Stochastik. Er ist bei Daytradern überaus beliebt und gehört zu der Familie der Oszillatoren. Zunächst wollen wir uns jedoch ein wenig mit den Eigenschaften des Stochastik auseinandersetzen. Der Name Stochastik ist im Grunde genommen sehr irreführend, hat er doch nichts mit statistischen oder stochastischen Beobachtungen zu tun. Ein stochastisches Experiment wäre beispielsweise der Münzwurf. Hierbei hängt das Ergebnis vollkommen vom Zufall ab. Damit hat der Indikator jedoch wenig zu tun.

Entwickelt wurde dieser Indikator von George C. Lane. Die eigentliche Idee hinter diesem Indikator liegt darin, dass in einem Aufwärtstrend die Schlusskurse in der Nähe des Hochkurses liegen sollten, während sich bei einem Abwärtstrend die Schlusskurse in der Nähe des Tiefs befinden. Eine Trendumkehr ist immer dann zu erwarten, wenn die Schlusskurse von diesem Vermutungen immer stärker abweichen.

Grundsätzlich basiert der Stochastik auf zwei verschiedenen Linien. Die eine trägt den Namen „%K«, die andere heißt „%D«. Es ist zu beachten, dass die %D-Linie dabei einen gleitenden Durchschnitt der %K-Linie darstellt. Diese beiden Linien bewegen sich zwischen den Extremwerten 0 und 100. Und auch beim Stochastik gibt es Unterschiede, so gibt es einen „Fast Stochastik« und einen „Slow Stochastik«. Der Slow Stochastik wird über den Fast Stochastik berechnet. Bei dieser Berechnung gilt die %D-Linie als Grundlage, von ihr wird dann ein Gleitender Durchschnitt berechnet. Das liest sich sehr komplex, ist es im Grunde genommen aber überhaupt nicht. Hier die Formeln: C steht dabei für den Schlusskurs, L für den Tiefkurs, H für den Hochkurs.

Fast Stochastik: $\%K = ((C - L_n) / (H_n - L_n)) * 100$
$\%D = ((\%D_{t-1} * 2) + \%K_t) / 3$

Slow Stochastik: $\%K_{slow} = \%D_{fast}$
$\%D = ((\%D_{t-1} * 2) + \%K_t) / 3$

Am besten betrachten wir den Stochastik anhand eines Beispiels.

Chart 15: Stochastik

Es handelt sich hierbei erneut um den 10-Minutenchart von Google. Unter dem eigentlichen Preisfenster ist der Stochastik zu erkennen. Wir erkennen zwei Linien, sowie eine gestrichelte Linie bei einem Niveau von 20 und eine gestrichelte Linie bei einem Niveau von 80. Welche Rolle diese Linien spielen, werden wir jetzt klären. Theoretisch sind Werte von 0 bis 100 möglich. Ein Wert von 100 zeigt dabei an, dass der aktuelle Schlusskurs dem höchsten Wert des Beobachtungszeitraums entspricht. Ein Wert von 0 hingegen indiziert, dass der aktuelle Schlusskurs den niedrigsten Wert des Betrachtungszeitraums darstellt.

Wie auch beim RSI, den wir später noch kennen lernen werden, zeigt auch der Stochastik dann eine überkaufte Situation an, wenn sich die Linie in der Nähe des Maximums bewegt, jedoch eine überverkaufte Situation, wenn sich die Linie im Umfeld des Minimums bewegt.

Da die %K und die %D Linie unterschiedlich berechnet werden, erkennt man deutliche Unterschiede zwischen den beiden Linien. Zu einem Verkaufssignal kommt es dann, wenn die %K-Linie die %D-Linie im Bereich über 80 von oben nach unten schneidet. Ein Kaufsignal erhält man dann, wenn die %K-Linie die %D-Linie im Bereich von unter 20 von unten nach oben schneidet. Hierbei ist darauf zu achten, dass bei scharfen Spitzen von starken Signalen gesprochen werden kann.

Natürlich ist auch der Stochastik kein Heiliger Gral des Trading, jedoch ein sehr brauchbarer Indikator. Was die Einstellungen betrifft, sollte man ein wenig experimentieren, bis man die optimale Einstellung für sich selbst gefunden hat. Das isolierte Heranziehen von Kauf- und Verkaufsignalen über den Stochastik ist nicht zu empfehlen. Ziehen Sie in lieber für ganz bestimmte Zwecke heran, beispielsweise als Exit.

Der Relative Stärke Index – RSI

Auch beim Relative Stärke Index, kurz RSI, handelt es sich um einen Indikator aus der Familie der Oszillatoren, und zwar um einen Momentum-Oszillator. Erfunden wurde er von Welles Wilder und gehört gemeinsam mit den Gleitenden Durchschnitten und dem Momentum zu den am häufigsten verwendeten Indikatoren. Genauso wie der Stochastik bewegt sich auch der RSI in einer Spanne zwischen 0 und 100. Und genau wie beim Stochastik ist auch hier der Name ein wenig irreführend. Er hat nämlich nichts mit der relativen Stärke eines Wertpapiers im Verhältnis zu einem Vergleichswert zu tun.

Der RSI versucht die innere Stärke eines Wertpapiers innerhalb einer bestimmten Anzahl von Tagen zu messen, und zwar anhand der Entwicklung des Kurses im Beobachtungszeitraum. Es wird ein Verhältnis zwischen Aufwärtsbewegungen und Abwärtsbewegungen innerhalb einer Periode gebildet. Durch die Skalierung zwischen 0 und 100 hat Wilder ein ganz elementares Problem gelöst. Beim Momentum-Oszillator gibt es nämlich eine offene Skala. Das macht das Vergleichen zwischen verschiedenen Titel natürlich sehr schwer. Zusätzlich hat Wilder es geschafft, durch die Miteinbeziehung mehrere Kurse innerhalb eines bestimmten Zeitraums eine gewisse Glättung zu erreichen. Dadurch wirken Extremwerte nicht so stark.

Bei der Berechnung des RSI werden zunächst zwei Summen gebildet. Die erste enthält dabei die Kursänderungen in Perioden mit gestiegenem Schlusskurs, die zweite folgerichtig die Kursänderungen in Perioden mit gefallenem Schlusskurs. Bei der Summierung wird dann ein fester Zeitraum gewählt, Wilder greift dabei auf 14 Perioden zurück, genauso wie wir es auch im abgebildeten Chart 16 erkennen können.

Chart 16: RSI

Nun erfolgt die bereits angesprochene Glättung der Werte. Hierzu wird ein einfacher gleitender Durchschnitt gewählt, also jede der beiden Summen durch die Berechnungsperiode dividiert. Im folgenden Schritt wird dann die eigentliche innere Stärke berechnet. Die durchschnittliche

Summe der positiven Kursänderungen wird nämlich durch die durchschnittliche Summe der negativen Kursänderungen dividiert. Dieser Wert wird dann in die RSI-Formel eingefügt.

Hier können Sie noch einmal die genaue Berechnung nachvollziehen: C steht dabei für Schlusskurs, Up für Perioden mit gestiegenen Schlusskurs, Down für Perioden mit gefallenem Schlusskurs, Avg steht für Durchschnitt, S für Summe

$$\text{wenn: } C_{(t)} > C_{(t-1)} -> Up_{(t)} = C_{(t)}\ C_{(t-1)} \text{ und } Down_{(t)} = 0$$
$$\text{wenn: } C_{(t)} < C_{(t-1)} -> Up_{(t)} = 0 \text{ und } Down_{(t)} = C_{(t-1)}\ C_{(t)}$$

$$SummeUp_{(t)} = Summe_{(n)}(Up)$$
$$SummeDown_{(t)} = Summe_{(n)}(Down)$$

$$AvgSu_{(t)} = Summe_{(n)}(SummeUp) / n$$
$$AvgSd_{(t)} = Summe_{(n)}(SummeDown) / n$$
$$RS_{(t)} = AvgSu_{(t)} / AvgSd_{(t)}$$

$$RSI_{(t)} = 100\ (100/1 + RS_{(t)})$$

Es gibt auch abweichende Berechnungen. Allerdings wird in diesem Fall entweder die Glättung unterlassen oder aber eine andere Methode dafür verwendet.

Ein Wert von 0 würde bedeuten, dass der beobachtete Wert keinerlei innere Stärke aufweist, also im Beobachtungszeitraum ausschließlich gefallen ist. Ein Wert von 100 hingegen indiziert das genaue Gegenteil, nämlich, dass die Kurse ausschließlich gestiegen sind. Werte in der Nähe von 0 weisen dabei auf eine überverkaufte Situation hin, Werte in der Nähe von 100 dagegen auf eine überkaufte Situation. An solchen Punkten ist generell mit einer Gegenreaktion zu rechnen. Das eigentliche Signal wird allerdings erst dann generiert, wenn der Kurs den Extrembereich wieder verlässt. Eine solche Situation ist in unserem Beispiel zwei Mal zu erkennen.

Die Marktindikatoren

Auch für viele europäische Daytrader stellen besonders die US-Märkte einen attraktiven Handelsplatz dar. Zum einen sind die Handelszeiten für viele interessanter, zum anderen gibt es an den US-Börsen Möglichkeiten, die beispielsweise in Europa nicht zu finden sind. Wir haben bereits festgestellt, dass es nachlaufende und vorauseilende Indikatoren gibt. Für Daytrader sind vorauseilende Indikatoren oftmals die Interessanteren. Die beiden vorgestellten Marktindikatoren sind jedoch nicht auf einen speziellen Wert fokussiert, sondern beziehen den gesamten Markt mit ein.

Der TICK-Indikator

Das Prinzip des TICK-Indikators ist sehr einfach. Er stellt die Differenz zwischen steigenden und fallenden Kursen an der NYSE (New York Stock Exchange) am jeweiligen Handelstag dar. Bei einem Wert von +100 würde das bedeuten, dass aktuell gerade um 100 Aktien mehr steigen, als dieser gerade fallen. Bei einem Wert von -100 hingegen hieße das, dass gerade um 100 Aktien mehr fallen, als diese steigen. Wie man schon rein intuitiv annimmt, ist es ein positives Zeichen (also eines für steigende Kurse) wenn der TICK-Indikator einen positiven Wert ausweist, zeigt er hingegen einen negativen Wert an, ist dies auch als negatives Zeichen (also für fallende Kurse) zu interpretieren. Wenn sich steigende und fallende Titel die Waage halten, dann zeigt der TICK-Indikator logischerweise einen Wert von 0 an.

Natürlich steht auch bei diesem Indikator die Frage im Vordergrund, wie man nun agieren sollte, sollte der Indikator einen gewissen Wert anzeigen. Wie immer, muss man auch diesen Indikator kennen lernen, um abschätzen zu können, wie man ihn am besten auf den eigenen Handelsstil anpasst. Man kann grundsätzlich aber davon ausgehen, dass kurzfristige Long-Signale bei negativem TICK eher dazu neigen als Fehlsignal entlarvt zu werden. Bricht der Kurs etwa aus einer Range aus, dass sollte man mit einer Position zurückhaltend sein, wenn der TICK dagegen spricht.

Bei extremen Werten des TICK, etwa bei über +1.000 oder unter −1.000 ist Vorsicht geboten. Hält man eine Long-Position und steigt der TICK auf über +1.000, dann dauert es im Regelfall nicht lange bis eine Gegenbewegung einsetzt. Wenn man diesen Umstand kennt, dann kann man zu diesem Zeitpunkt die eigenen Stopps nachziehen, oder aber einen Teil der eigenen Position glattstellen. Bei dem Fall, dass der TICK unter -1.000 fällt, sollte man mit der eigenen Short-Position vorsichtig sein. Es bietet sich an, dieselben Schritte einzuleiten, wie wenn man eine Long-Position hält, also Stopp nachziehen bzw. Position verkleinern.

Wie Sie sicher bemerkt haben, laden diese Extremwerte natürlich zu Trades gegen die übergeordnete Trendrichtung ein. Steigt der TICK über +1.000 dann sind Short-Positionen interessant, fällt er hingegen unter −1.000, dann kann man davon ausgehen, dass Long-Positionen attraktiv wären. Man spricht in diesen Extremsituationen gerne von überkauften oder überverkauften Marktbedingungen. Man sollte jedoch niemals blind auf den TICK-Indikator vertrauen (genauso wie man dies keinem Indikator sollte), sondern zunächst einen Blick auf die großen Werte an der NYSE werfen. Wenn man erkennt, dass auch die Big Player den Signalen des Indikators entsprechend reagieren, kann man die Trefferquote steigern.

Der TRIN-Indikator

Bereits Ende der 1960er Jahre stellte Richard W. Arms den Short Term Trading Index (TRIN) vor. Der Index gewann innerhalb kürzester Zeit unter technisch orientierten Händlern an Beliebtheit. Mittlerweile gibt es sehr viele verschiedene Derivate dieses Indikators. Diese unterscheiden sich im Grunde genommen jedoch nur durch die unterschiedlichen Methoden zur Durchschnittsberechnung zum Zwecke der Glättung des sehr volatilen Indikators.

Auch dieser Indikator basiert nicht auf den Kursdaten eines Basistitels, sondern auf der Statistik der gestiegenen und gefallenen Titel. Diese Statistik wird in der Regel täglich erstellt. Der TRIN misst die Volatilität in Abhängigkeit vom Umsatz. Zum Thema Volatilität werden wir später noch einige Worte verlieren. Die Berechnung erfolgt grob gesprochen so:

Es werden die gestiegenen Aktien in ein Verhältnis zu den gefallenen Aktien gebracht. Dieser Wert wird dann durch das Verhältnis deren Umsätze dividiert. Dies lässt Rückschlüsse auf den Optimismus unter den Marktteilnehmern zu.

Bilden jene Aktien mit steigenden Kursen nun den Hauptumsatzanteil, dann fällt der TRIN unter 1,0. Verhält es sich genau umgekehrt, dann steigt er auf über 1,0. Im Gegensatz zu vielen anderen Überkauft-Überverkauft-Indikatoren zeigt ein fallender TRIN positive Marktstimmung und ein steigender TRIN negative Marktstimmung an. Zeigt der TRIN einen Wert von 1,0 dann kann man von einer ausgeglichenen Situation sprechen, was für Daytrader natürlich nicht gerade das Optimalszenario bedeutet. In solchen Zeiten sollte man zurückhaltend agieren.

Sollten TRIN und TICK divergentes Verhalten zeigen, dann ergeben sich interessante Möglichkeiten. Steht der TRIN also unter 1,0 und der TICK über 0, dann sind Longposition interessant. Bewegt sich der TRIN jedoch über 1,0 und der TICK unter 0, dann sollte man die Augen nach Short-Positionen offen halten. Dies gilt jedoch nur als allgemeine Regel und muss natürlich an den eigenen Tradingstil angepasst werden.

Volatilitätsindikatoren

Die Volatilität, also die Schwankungsintensität an den Märkten wird für gewöhnlich als wünschenswert für Daytrader eingestuft. Der Grund dafür liegt auf der Hand. Je stärker die Volatilität innerhalb eines Tradingtages ist, desto größer sind potentielle Profite. In Zeiten von gehebelten Derivaten ist dies zwar nicht mehr so ausschlaggebend, dennoch stellt die Volatilität einen nicht unbedeutenden Faktor dar. Zwei wichtige Indikatoren in Bezug auf Volatilität sind die von W. Wilder begründete Average True Range, sowie die Bollinger Bänder, die auf John Bollinger zurückgehen. Auf beide Indikatoren werden wir eingehen.

Average True Range

Die Average True Range stellt die geglättete Variante der True Range dar. W. Wilder hat das Konzept bereits 1978 vorgestellt. Seine Intention lag darin, die Schwankungsbreite der Rohstoff- und Terminmärkte in einem Indikator abzubilden. Alle bis dahin gültigen Methoden waren seiner Meinung nach ungenügend, da Kurslücken (Gaps) zwischen dem Schlusskurs des einen Tags und dem Eröffnungskurs des nächsten Tags vernachlässigt wurden. Also entwickelte Wilder Bedingungen, in denen auch Kurslücken berücksichtigt wurden.

Folgende Parameter wurden zur Berechnung herangezogen:

Wenn das aktuelle Hoch über dem vorherigen Schluss liegt UND die Spanne „aktuelles Hoch – aktuelles Tief« kleiner ist als „aktuelles Hoch – vorheriger Schlusskurs«, dann wird letzterer Wert herangezogen. Es kam also zu einem Up-Gap.

Wenn das aktuelle Tief unter dem vorherigen Schluss liegt UND die Spanne „aktuelles Tief – aktuelles Hoch« kleiner ist, als „aktuelles Tief – vorheriger Schluss«, dann wird letzterer Wert herangezogen. Es kam also zu einem Down-Gap.

Ist die Spanne „aktuelles Hoch – aktuelles Tief« jedoch größer als die beiden oben beschriebenen Sonderfälle, dann wird dieser Wert herangezogen.

Das liest sich jetzt sehr kompliziert, anhand der Grafiken ist dies jedoch sehr einfach nachzuvollziehen.

In Grafik 17 erkennt man den „normalen« Fall. Auf der linken Seite sehen wir das Szenario bei steigenden Kursen. Die Spanne zwischen aktuellem Hoch und aktuellem Tief ist größer als jene zwischen aktuellem Hoch um vorangegangenen Schlusskurs.

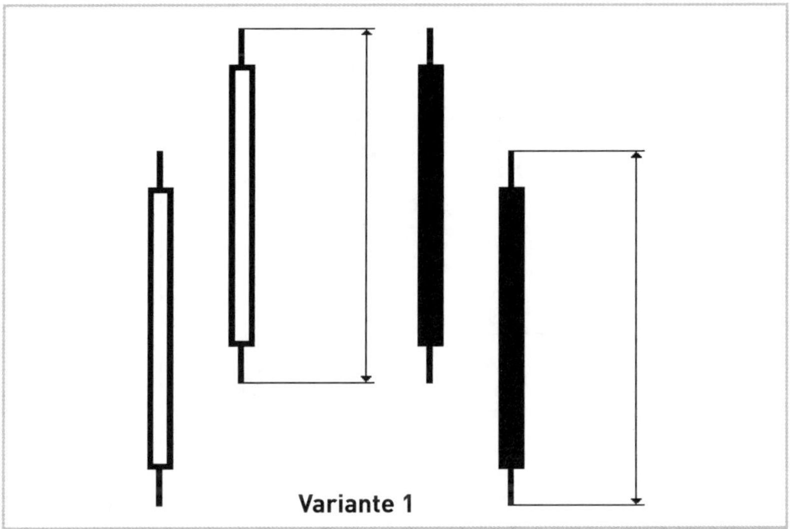

Grafik 17: ATR-normaler Fall

Auf der rechten Seite sehen wir das Szenario für fallende Kurse. Die Spanne zwischen Tagestief und Tageshoch ist größer als jene zwischen Tagestief und Vortagesschlusskurs.

In Grafik 18 erkennen wir die beiden Sonderfälle, die wir eingangs beschrieben haben. Auf der linken Seite sehen wir ein Up-Gap. In diesem Fall ist die Spanne zwischen aktuellem Hoch und dem vorherigen Schlusskurs größer, als jene zwischen aktuellem Hoch und aktuellem Tief. Wir ziehen daher den größeren Wert heran.

Auf der rechten Seite sehen wir ein Down-Gap. Hier ist die Spanne zwischen aktuellem Tief und vorherigen Schlusskurs größer, als jene zwischen aktuellem Tief und aktuellem Hoch. Daher wird auch hier der größere Wert herangezogen. Durch diese Bedingungen ist es möglich, dass auch Gaps in die Berechnung der Volatilität einfließen. Gerade in hochvolatilen Märkten macht dies einen gravierenden Unterschied aus, und Daytrader sind immer auf der Suche nach Volatilität.

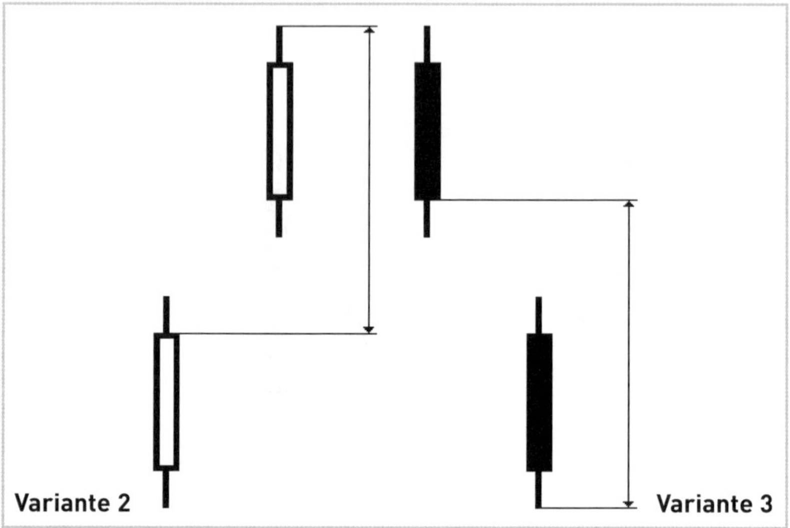

Grafik 18: ATR- Up-Gap, Down-Gap

Dennoch sind wir noch nicht bei der Average True Range angelangt. Um diese zu erhalten ist noch eine Glättung notwendig. Im Normalfall geschieht dies heute mit einem einfachen Gleitenden Durchschnitt. Die Parametereinstellung beschränkt sich darauf, die Periodenvorgabe zu machen, die sich ganz nach dem eigenen Verwendungszweck richtet. In der Regel beträgt diese zwischen 5 und 30 Perioden.

In unserem Beispiel (Chart 19) sehen wir den 10-Minutenchart von Google. Die Parametereinstellung entspricht der Defaulteinstellung der Analysesoftware und liegt bei 20. Doch welche Informationen hält die Average True Range nun für uns bereit? Zum einen erhalten wir die wahre Handelsspanne des beobachteten Wertes. Da bei der Average True Range auch Kurslücken berücksichtigt werden, solche sind am Chart gleich mehrfach zu beobachten, wird ein sehr genaues Abbild der Marktaktivität gezeichnet.

Hohe Handelsspannen sprechen dabei für starke Bewegung im beobachteten Basiswert, kleine Spannen hingegen für niedrige Volatilität. Grund-

Chart 19: Average True Range

sätzlich gilt: Beginnende Trendbewegungen gehen sehr oft mit steigenden Handelsspannen einher, während bei schwächer werdenden Trends geringere ATR-Werte zu beobachten sind.

Ein ganz wichtiger Punkt liegt darin, zu erkennen, dass mit man der Average True Range zwar Aussagen bezüglich der Trendaktivität und Stärke treffen kann. Nicht jedoch über die Bewegungsrichtung des Marktes.

Bollinger Bänder

Wir haben gerade die Average True Range als Maß für die Volatilität kennen gelernt. Volatilität ist eines der wichtigsten Themen für Daytrader, da sie nicht unmaßgeblich darüber Aufschluss gibt, welche Profitpotentiale innerhalb eines Handelstages möglich sind. Ein weiterer prominenter Begründer eines Volatilitätsindikators ist John Bollinger.

Bereits in den 1980er Jahren entwickelte er die Bollinger Bänder, die mittlerweile nicht mehr aus der Chartanalyse wegzudenken sind. Bei den Bollinger Bändern spielen statistische Begriffe eine wichtige Rolle. So fließen die Normalverteilung, und Standardabweichungen in die Berechnung bzw. Darstellung der Bollinger Bänder mit ein. Grundsätzlich bestehen die Bollinger Bänder jedoch aus drei Bändern.

- → das mittlere Band. Dieses wird durch einen Einfachen Gleitenden Durchschnitt berechnet.
- → dem oberen Band. Dieses stellt den Einfachen Gleitenden Durchschnitt + x Standardabweichungen dar.
- → dem unteren Band. Dieses stellt den Einfachen Gleitenden Durchschnitt – x Standardabweichungen dar.

In unserem Beispiel (Chart 20) ist der 10-Minutenchart von Google zu sehen. Zur Berechnung des Durchschnitts wurden 20 Perioden verwendet, zur Berechnung des oberen und des unteren Bandes wurden 2 Standardabweichungen herangezogen. Diese Einstellung ist eine weit verbrei-

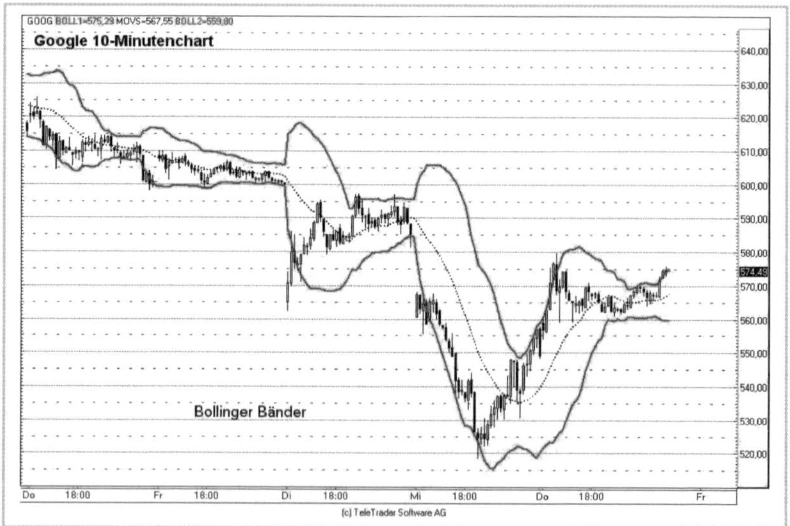

Chart 20: Bollinger Bänder

tete und zugleich auch die Defaulteinstellung des Analyseprogramms. Natürlich kann man die Parameter an die eigenen Bedürfnisse anpassen.

Doch was hat es eigentlich mit diesen Standardabweichungen auf sich? Der Begriff Standardabweichung stammt aus der Stochastik (einen Teil der Statistik). Sie beschreibt die Streuung von Zufallsvariablen um ihren Mittelwert. Der Mittelwert wird bei den Bollinger Bändern durch den Einfachen gleitenden Durchschnitt dargestellt.

Welche Rolle nimmt die Standardabweichung nun ein? Viele Studien belegen, dass durchaus berechtigter Zweifel daran besteht, dass die Returns von Aktien normal verteilt sind. Da den Bollinger Bändern eine Normalverteilung zugrunde liegt, erkennt man schnell, dass es sich auch hierbei nicht um den Heiligen Gral handeln kann. Dennoch versorgen uns die Bollinger Bänder mit wertvollen Informationen. Es ist dennoch sehr interessant zu betrachten, was man annehmen könnte, wäre die Hypothese normal verteilter Returns tatsächlich erfüllt. In diesem Fall wären folgende Sachverhalte gültig:

→ 68,27 % aller Messwerte haben eine Abweichung von höchstens einer Standardabweichung
→ 95,45 % aller Messwerte haben eine Abweichung von höchstens zwei Standardabweichungen
→ 99,73 % aller Messwerte haben eine Abweichung von höchstens drei Standardabweichungen

Diese statistischen Tatsachen könnten nun zu dem Trugschluss führen, dass tatsächlich 95,45 % aller Kursbewegungen innerhalb der Bänder die mit zwei Standardabweichungen berechnet werden. Dem ist allerdings nicht so. Werfen wir einen Blick auf gängige Interpretationsmöglichkeiten von Bollinger Bändern:

Bewegt sich der Kurs in der Nähe eines der beiden Bänder, dann ist davon auszugehen, dass es zu einer kurzfristigen Gegenbewegung kommen wird.

Bewegen sich die Kurse jedoch über längere Zeit in der Nähe eines der Bänder, dann ist eine Trendwende zu erwarten.

Nähern sich das obere und das untere Band dem gleitenden Durchschnitt immer näher an, dann ist von einer größeren Kursbewegung auszugehen, deren Richtung jedoch noch nicht absehbar ist. Wird der Kanal jedoch verlassen, dann ist von einer Fortsetzung dieser Bewegung auszugehen.

Wie wir am Chart von Google erkennen können, sind Signale von Bollinger Bändern dann interessant, wenn sie immer enger an den Durchschnitt herankommen. In Zeiten hoher Volatilität ist die Qualität der Signale jedoch eher bescheiden. Bollinger selbst meint, dass man die Bollinger Bänder nicht als Entscheidungskriterium für Ein- und Ausstiege verwenden sollte, sondern viel mehr um sich schnell ein Bild zu machen, ob ein Basiswert derzeit relativ günstig oder relativ teuer notiert. Und das ist auch der Nutzen, den man als Daytrader aus den Bollinger Bändern ziehen sollte. Nämlich sich schnell ein Bild über die Volatilität eines Basiswertes machen.

Zusammenfassung

Die vorgestellten Indikatoren stellen sehr beliebte Indikatoren unter Daytradern dar. Es gibt jedoch noch sehr viel mehr. Mein persönlicher Tipp an Sie lautet: Wenn Sie tatsächlich auf Indikatoren zurückgreifen, dann machen Sie sich ei möglichst genaues Bild über diesen Indikator. Wie wird er berechnet? Wo liegen seine Stärken, wo seine Schwächen? Erst wenn Sie einen Indikator völlig verstanden haben, werden Sie ihm vertrauen können. Auch bei der Anwendung von Indikatoren ist Vertrauen unabdingbar. Und noch etwas. Verwerfen Sie den Gedanken ein perfektes System mit verschiedenen Indikatoren zu entwerfen möglichst schnell. Indikatoren sind zwar ein sehr wertvolles Werkzeug, jedoch nicht mehr, aber auch nicht weniger. Wenn Indikatoren Ihnen dabei helfen können, schneller und genauer zu handeln, dann wenden Sie sie an. Wenn Sie jedoch auch nach ausführlichem Studium der Zusammensetzung eines Indikators kein Vertrauen aufbauen können, dann unterlassen Sie es, diesen Indikator in Ihr Trading einzubinden. Womöglich suchen Sie nun einen schnellen Weg um sich über die Trendrichtung eine Meinung zu bilden, oder um zu überprüfen, wie stark die Volatilität aktuell ist. Bei all diesen Dingen kann ich Ihnen die vorgestellten Indikatoren vorbehaltlos empfehlen.

simplified

5 Die Nachbereitung

Neben der Marktvorbereitung und dem Handelstag an sich wartet noch ein weiterer Teil des Tradingtages auf den Daytrader. Die Marktnachbereitung hat dabei denselben Stellwert wie die Marktvorbereitung und wirkt sich langfristig ebenso stark auf den Handelstag aus – im positiven sowie im negativen Sinne.

Sind alle Positionen geschlossen?

Ein ganz elementarer Bestandteil ist das Glattstellen aller Positionen bevor dies an diesem Handelstag nicht mehr möglich ist, die Börse also schließt. Am DAX bzw. TecDAX beginnt die Schlussauktion um 17:30 Uhr und endet um 17:35 Uhr. Von diesem Zeitpunkt an wird noch bis 20:30 Uhr nachgehandelt. Es ist ratsam alle Positionen bis 17:30 Uhr zu schließen. Danach ist der Handel zwar noch möglich, das Volumen ist aber sehr gering, und die Spreads dementsprechend hoch. Sollte also kein Notfall eintreten, dann unterlassen Sie es, in dieser Zeit zu handeln.

Wenn Sie mit CFDs handeln, dann spricht noch ein weiterer Punkt dafür Positionen nicht über Nacht zu halten. Und das sind die Finanzierungskosten, die bei Übernacht-Positionen für Long-Positionen verlangt werden. Diese Kosten sind zwar verhältnismäßig gering, können in Summe aber beträchtlich anwachsen. Bei Shortpositionen ist es zwar möglich Geld zu verdienen. Bei den meisten Brokern muss der Referenzzinssatz aber schon sehr hoch sein, damit überhaupt etwas für Übernachtpositionen bezahlt wird. Tatsächlich zahlt man jedoch immer wesentlich höhere Zinsen als man kassiert. Das ist beim Trading nicht anders als am Gehaltskonto.

Der wichtigste Grund auf Übernacht-Positionen zu verzichten liegt im vermeidbaren Risiko. Positionen, die weder das Kursziel noch das Stop-

Loss Niveau erreicht haben, sollten unbedingt geschlossen werden, weil es zwischen zwei Handelstagen regelmäßig zur Bildung von Gaps kommt. Diese Gaps nehmen mitunter Dimensionen an, die dem persönlichen Risiko-Management widerstreben. Man sollte seinen Maximalverlust immer kontrollieren können. Garantierte Stop-Losses gibt es zwar, sie sind aber teuer und diese Kosten sind wenn möglich zu vermeiden.

Sollte tatsächlich der Fall auftreten, dass eine Position nicht geschlossen wurde, dann sollte man sich fragen, warum dies der Fall ist. Es gibt jedoch kaum gute Gründe, warum dies der Fall sein sollte. Ein garantierter Stop-Loss wirkt solchen Szenarien aber entgegen.

Die Charts

Wenn man sich als Daytrader dazu entschlossen hat, ein ganzes Portfolio an interessanten Werten zu überblicken und sich nicht nur auf eine Aktie zu konzentrieren, dann ist nach Börsenschluss die Pflege der Charts notwendig. Bei diesem Schritt geht es darum, dass man sich einen Überblick darüber verschafft, was jene Werte gemacht haben, die man an diesem Tag nicht gehandelt hat. Denn am nächsten Tag könnte das Einstiegssignal kommen – und das will man nicht unbedingt versäumen.

Wenn man die Analysen aller nicht gehandelten Werte abgeschlossen hat, dann widmet man sich jenen Werten, die man an diesem Tag getradet hat. Alle relevanten Informationen werden in das Tradingtagebuch eingetragen.

Das Tradingtagebuch

Darüber welche Informationen in ein Tradingtagebuch eingetragen werden sollten, kann man streiten, darüber, dass man gerade als Daytrader unbedingt eines führen sollte, aber nicht. Das tut man am besten in einem Tabellenkalkulationsprogramm. Zum einen, weil statistische Auswertungen durchgeführt werden können, zum anderen, weil dies dann sehr schnell geht.

Zunächst sollte man notieren, der wievielte Trade innerhalb eines gewissen Beobachtungszeitraums durchgeführt wurde. Dabei bietet es sich an, jeden Monat wieder bei eins zu beginnen. An etwa 20 Handelstagen führt man je nach Ansatz zwischen 40 und 100 Trades durch (dies können natürlich auch mehr Trades sein). Bei dieser Anzahl von Beobachtungen liefern statistische Auswertungen durchaus signifikante Ergebnisse.

Nachdem man einem Trade eine Nummer zugeordnet hat, geht es daran den Trade zu spezifizieren. Handelte es sich etwa um eine Long oder um eine Shortposition? Ob es tatsächlich wichtig ist, wie viele Short und wie viele Long-Positionen man tatsächlich eingegangenen ist, sagt einem erst die Auswertung des Tagebuchs. Tatsache ist jedoch, dass viele Trader dazu neigen lediglich in eine Richtung (und zwar long) zu handeln. Das kommt sogar bei Daytradern vor. Vernünftig ist dies jedoch in keinem Fall.

Als nächstes ist zu klären, an welchem Zeitpunkt des Tages ein Trade eingegangen wurde. Hierbei sollte man nicht nur die exakte Uhrzeit notieren, in der eine Position geöffnet und wieder geschlossen wurde, sondern auch Kategorien für diesen Zeitraum finden. In der Praxis haben sich fünf verschiedene Zeitfenster als Kategorie bewährt. Hierbei handelt es sich um Markteröffnung, Vormittag, Mittagszeit, Nachmittag, sowie den Marktschluss. Im Laufe der Zeit wird Ihnen Ihr Tagebuch dabei helfen zu sehen, welche Paarungen statistisch gesehen gut abschneiden, und welche Trades Sie lieber bleiben lassen sollten.

Es kann durchaus sein, dass Sie mit Trades, die Sie gleich zur Markteröffnung eingehen und bereits am Vormittag wieder schließen, gute Gewinne machen. Wenn Sie eine zur Marktöffnung eingegangene Position jedoch bis zum Marktschluss halten, dann sinken Ihre durchschnittlichen Gewinne aber, oder sie kehren sich sogar in Verluste um. All diese Dinge können Sie anhand eines Tradingtagebuchs feststellen.

Als nächstes sollten Sie eine weitere Kategorie zur Beschreibung ihrer Trades finden. Handelte es sich um einen Gap-Trade? Wurde die Position prozyklisch oder antizyklisch eingegangen? Es ist dabei darauf zu achten, nicht zu viele Kategorien festzusetzen, denn sonst werden Sie Probleme bei der Auswertung haben.

Natürlich gibt es noch eine Vielzahl anderer Parameter, die Sie für Ihr eigenes Tradingtagebuch verwenden können. Die eben genannten, sollten jedoch unbedingt enthalten sein. Aus Gründen der Übersicht möchte ich Sie hier noch einmal aufzählen.

→ fortlaufende Nummerierung
→ Long oder Short?
→ Wann wurde der Trade eingegangen?
→ Gap-Trade, pro- oder antizyklisch?

Wenn Sie diese Fragen beantwortet haben, dann geht es darum, dass Sie weitere gute Fragen an Ihr Tagebuch stellen. Eine ganz elementare Frage ist jene nach der Trefferquote. Sie werden im Money Management Teil lesen, dass bei diszipliniertem Trading auch Trefferquoten von unter 40,00 % durchaus zu langfristigen Erfolg führen können.

Darüber hinaus empfiehlt es sich, die Auswertung des Tradingtagebuchs periodisch durchzuführen, etwa einmal pro Monat. Das nimmt zwar etwas Zeit in Anspruch, wird Ihr Trading aber stark verbessern.

Natürlich hat das Tradingtagebuch aber nicht nur statistischen Wert, sondern auch psychologischen. Es ist von äußerster Wichtigkeit, dass man sich jeden Tag nach Börsenschluss Zeit nimmt, den Handelstag aus emotionaler Sicht zu untersuchen. Das geht mit der Zeit innerhalb weniger Minuten, anfangs sollten Sie jedoch mehr Zeit dafür verwenden. Zunächst sollten Sie sich Fragen, ob Sie an diesem Handelstag einen Fehler gemacht haben. Hier geht es nicht um Gewinne oder Verluste, sondern lediglich um Fehler. Ein Fehler könnte beispielsweise sein, dass Sie fünf Minuten vor Börsenschluss eine Position eingegangen sind, die Sie unmittelbar darauf wieder geschlossen haben, um nicht noch einen Fehler zu begehen, nämlich die Position übernacht zu halten. Sie sollten sich auf Ursachenforschung begeben. Vielleicht sollten Sie ganz einfach einen Timer auf ihrer Uhr stellen, der eine Stunde vor Handelsschluss piept, und Sie so darauf aufmerksam macht, dass Sie ab jetzt beim Eingehen von Positionen vorsichtig sein sollten. Ein Trade kurz vor Schluss muss nämlich noch lange kein Fehler gewesen sein, das unbewusste Eingehen von Positionen jedoch sehr wohl.

Es gibt aber auch emotionale Fehler. Hierbei ist vor allem das nicht zeitgerechte Schließen von Positionen zu nennen. Das kann zum einen daran liegen, dass Sie einen Stop-Loss nicht eingehalten haben oder vergessen haben die Order zu platzieren. Solche Fehler kosten sehr viel Geld. Natürlich kommt es vor, dass eine Position dreht, nachdem man darauf verzichtet hat sie glattzustellen, und man so doch noch Geld mit einem Trade verdient. Auf lange Sicht wird Sie so ein Handelsansatz jedoch unweigerlich zu großen Verlusten oder gar in den Bankrott führen.

Es kann aber auch sein, dass Sie eine Position zu einem zu frühen Zeitpunkt geschlossen haben. Natürlich ist auch hier die Wahrheit die Tochter der Zeit und man weiß erst nachher, ob man die Entscheidung gut oder schlecht für den Kontostand war. Doch darauf kommt es gar nicht an. Es kommt darauf an, dass man sich an den eigenen Tradingplan halten sollte. Wenn dieser vorsieht, dass man Positionen erst schließt, wenn das Kursziel erreicht wird bzw. bevor der Markt schließt, dann sollte man das auch tun. Während eines Handelstages ist niemals der richtige Zeitpunkt gekommen den eigenen Tradingplan zu hinterfragen. Das sollte man erst dann tun, wenn man die statistischen Auswertungen des Tradingtagebuchs durchführt. Überdies sollte eine Anpassung des Tradingplans nur in Zeiten durchgeführt werden, in denen man eine gewisse Isolation zum Markt herbeigeführt hat, etwa, wenn man keine offenen Position hält, und das bereits seit mehreren Tagen.

Wenn man nun also festgestellt hat, dass man sich nicht an den eigenen Tradingplan gehalten hat, und somit fehlerhaft getradet hat, dann sollte man sich auf die Ursachenforschung begeben. Man kann durchaus die Begründung angeben, dass man den eigenen Tradingplan nicht mehr vernünftig hält. Das sollte aber nur in den wenigsten Fällen als Ausrede herhalten. Grundsätzlich ist in Perioden, in denen solche Begründungen öfter vorkommen, das Trading einzustellen.

Wenn die Begründung aber lediglich darin liegt, dass man Angst davor hatte, dass der schöne Buchgewinn sich in Luft auflösen könne, dann hat man eine Begründung, mit der man gut weiterarbeiten kann. Sollten sich diese Begründungen häufen, dann bietet es sich an mit einem Tradingkollegen über die eigenen Emotionen zu sprechen. Das hilft ungemein.

Man sollte aber nicht nur die Fehlersuche forcieren, sondern auch den guten Dingen Platz einräumen, wenn es um die Marktnachbereitung geht. Man sollte sich dabei jeden Tag die Frage stellen: „Was hat heute gut funktioniert?« Zu diesem Zeitpunkt geht es darum, dass man die eigenen Stärken findet, und diese dann monetär bestmöglicht nützt. Wenn man sich zum Beispiel sagt, dass man mit großem Vertrauen getradet hat, weil man sich sicher war, dass die Hard- und Software ein höchstmögliches Maß an Sicherheit geboten haben, und man noch dazu sicher ist, dass man beim richtigen Broker ist, und sich daher ausschließlich auf die Kursbewegungen konzentrieren konnte, auch wenn der Tag verlustreich war, dann ist das durchaus positiv einzuschätzen. Natürlich neigt man sehr schnell dazu, den Fehler bei jemand anderem zu suchen. Doch auch das ist ein guter Ansatz. Wenn Sie etwa der Meinung sind, dass mit Ihrem Broker etwas nicht stimmt, dann sollten Sie ihn ohne wenn und aber wechseln. Wenn Sie der Meinung sind, dass Ihr PC nicht mehr die nötige Power hat, dann sollten Sie sich einen neuen anschaffen. Und wenn Sie der Meinung sind, dass die aktuelle Analysesoftware nicht mehr zeitgemäß ist, dann ist auch hier ein Wechsel angesagt.

Es kann aber auch durchaus passieren, dass in Ihrem Umfeld etwas nicht passt, dass Sie nicht so mir nichts dir nichts auswechseln können. Es kann etwa sein, dass es in Ihrem Umfeld zu laut ist. Das können zum einen Familienmitglieder, zum anderen aber Arbeitskollegen sein. Hier ist eine Lösung natürlich sehr schwierig. In den meisten Fällen bleibt einem nur noch der Wechsel in ein eigenes Büro.

Viele Trader haben überdies das Gefühl der Unsicherheit, sobald Sie die Märkte nicht beobachten können. Dem kann man entgegenwirken. Platzieren Sie beim Eingehen der Order nicht nur den Stop-Loss, sondern auch eine Stop-Limit Order. Diese hilft Ihnen dabei, dass Ihre Position beim Erreichen des Kursziels wieder glattgestellt wird. Vergessen Sie aber nicht, diese Orders mit dem Kürzel OCO(one cancels other) zu versehen. Dieses führt dazu, dass die eine Order die andere löscht. Egal welche der beiden Orders nun zuerst ausgelöst wird, die andere verschwindet darauf hin ins Nirvana.

Zur Mittagszeit ist es ratsam Kontakt zu anderen Personen aufzunehmen. Das hilft einem dabei ein wenig Distanz zu bekommen. In der Mittagszeit ist das Volumen generell eher niedriger, die Märkte meistens weniger volatil. Außerdem kann man sich durch das Platzieren der oben genannten Orders komplett absichern. Man muss keine Angst haben etwas zu versäumen, und kann sich womöglich noch mit seinesgleichen austauschen. Natürlich sollte man vorher wissen, ob die Veröffentlichung von diversen Nachrichten angekündigt ist, die sich auf Ihre Position auswirken könnten.

Den Tradingplan überarbeiten

Ich habe bereits erwähnt, dass man während eines Handelstages niemals den eigenen Trading-Plan hinterfragen solle. Das liegt keinesfalls daran, dass der eigene Trading-Plan unfehlbar wäre, das ist nämlich absolut nicht der Fall. Es liegt viel mehr daran, dass man gerade beim Erstellen eines Tradingplans sehr sachlich zu Werke gehen sollte. Wer schon einmal einen Tag als Daytrader vor dem Bildschirm verbracht hat, der weiß, dass man emotional durchaus mitgenommen ist. Immerhin arbeitet man mit Geld.

Nehmen Sie sich bewusst Zeit dafür Ihr Tradingtagebuch auszuwerten. Wenn Sie ein wenig Erfahrung mit Tabellenkalkulationsprogrammen haben, dann wird Ihnen diese Auswertung nicht schwer fallen. Wenn Sie das nicht haben, dann wenden Sie sich einfach an jemanden, der diese Erfahrung hat. In der heutigen Zeit sollte dies kein Problem darstellen.

Wenn Sie die statistischen Auswertungen dann getroffen haben, dann geht es um die Analyse der Ergebnisse. Diese kann im Gegensatz zur Berechnung sehr zeitintensiv sein. Sie ist aber mehr als lohnend. Die Analyse der Ergebnisse wird Ihnen nicht nur dabei helfen, ihre Gewinne zu vergrößern, sondern auch Verluste zu verkleinern bzw. zu vermeiden. Vergessen Sie den Traum von der 100 %igen Trefferquote. Versuchen Sie einfach das bestmögliche rauszuholen. Ein Tradingtagebuch wird Ihnen dabei helfen.

Wenn Sie nun also die Ergebnisse analysiert haben, dann können Sie damit beginnen den Tradingplan zu hinterfragen. Sie könnten beispielsweise die Sinnhaftigkeit hinterfragen, ob es tatsächlich notwendig ist, dass Positionen, die zur Markteröffnung eingegangen wurden und bereits am Vormittag das Kursziel erreicht haben, auch gleich gänzlich geschlossen werden sollten. Man könnte in so einem Fall einen Monat lang probieren, was passiert, wenn man nur die halbe Position schließt und danach mit einem Trailing-Stopp arbeitet. Das kann einem durchaus dabei helfen die Gewinne besser laufen zu lassen. Das ist natürlich nur eine von vielen Exit-Strategien die man verwenden kann. Sie ist unter Tradern aber durchaus beliebt.

Wenn Sie Ihren Plan dann geändert haben, dann sollten Sie sich noch einmal vor Augen führen, warum Sie das getan haben. Womöglich waren Sie mit dem Plan unzufrieden, oder Sie haben ihm nicht mehr vertraut. Jetzt haben Sie jedoch alles Notwendige unternommen, damit dieser Plan verbessert wird. Das sollten Sie sich am ersten Handelstag mit dem neuen Plan unbedingt vor Augen halten. Das wird Ihr Vertrauen stärken. Lassen Sie sich keinesfalls von kurzfristigen Rückschlagen verunsichern.

Zusammenfassung

Die Nachbereitung spielt eine ganz elementare Rolle beim Trading. Wie wir besprochen haben, sollte man sich nach der Schlussglocke noch genug Zeit nehmen, um den Handelstag zu analysieren. Die gewonnen Erkenntnisse können einem dabei helfen den eigenen Tradingplan zu verfeinern und auf diesem Weg die Tradingperformance zu verbessern.

simplified

6 Money Management

In den vergangenen Jahren hat ein wichtiger Begriff Einzug in das Trading gefunden, nämlich Money Management. Und obwohl Profis sich schon lange mit dieser Thematik auseinandersetzen, ist dieser Begriff wohl erst seit der wachsenden Popularität vom Tradingpsychologen Dr. Van K. Tharp vielen Anlegern ein Begriff. Van Tharp war es auch, der den Begriff der „R-Vielfachen« geprägt hat. Im Grunde genommen handelt sich dabei jedoch lediglich um die Kurzbezeichnung für eine Einheit Risiko bzw. den maximalen relativen Teil des Gesamtportfolios, den man mit einer einzigen Position zu verlieren bereit ist. Das spielt vor allem beim Daytrading eine wichtige Rolle.

R-Vielfache

Dieser Begriff wurde zwar von Dr. Van K. Tharp geprägt, sein Urheber ist er jedoch keineswegs. Das ist aber gar nicht so wichtig. Viel wichtiger ist, was es damit auf sich hat. Und das wollen wir jetzt klären. Hierzu beginnen wir mit einer der wenigen Zutaten, die man beim Eingehen der Position bereits kennt. Wir besprechen den Stop-Loss. Wenn man eine Position eingeht, dann handelt man immer seine Überzeugung über diesen Wert. Man spekuliert darauf, ob der Kurs steigen oder fallen wird. Da man im Vorhinein nicht wissen kann, was passieren wird, handelt es sich tatsächlich um eine Spekulation. Dass man hier keinesfalls mit 50:50 Chancen konfrontiert sein muss, werden wir später noch klären, obwohl eine solche Trefferquote durchaus zu hervorragenden Ergebnissen führen kann. Aber auch dazu später mehr.

Am einfachsten ist es, wenn wir mit einem Beispiel arbeiten. Gehen wir davon aus, dass Sie für Ihr Daytrading ein Risikokapital von 10.000 Euro zur Verfügung haben. Ein Prozent des Kapitals entspricht in absoluten Zahlen somit 100 Euro. Sie haben also 100 mal 100 Euro zur Verfügung. Und genau diese 100 Euro sind vor dem ersten Trade 1 R. Warum nur vor dem ersten Trade? Ganz einfach, weil es sich bei R-Vielfachen grundsätzlich um eine dynamische Zahl handelt, die sich im Laufe der Zeit verändert, hoffentlich immer größer wird. Gehen wir davon aus, dass Sie einen Trade eingehen, der ein Chance/Risiko Verhältnis von 2 aufweist. Im Falle eines Gewinntrades steigt Ihr Tradingkapital von 10.000 Euro auf 10200 Euro. Im Falle eines Verlusttrades beträgt das Risikokapital jedoch nur noch 9.900 Euro. Je nachdem welches dieser beiden Szenarien eingetreten ist, berechnet sich das nächste R-Vielfache. Im ersten Fall liegt es bei 102 Euro, im zweiten Fall bei 99 Euro. Wie Sie sehen können, ändert sich das R-Vielfache kontinuierlich. Dieser Umstand hat sowohl Vorteile als auch Nachteile.

Kommen wir zunächst zu den Vorteilen. Wenn man mit dynamischen R-Vielfachen arbeitet, dann kann man in Phasen von Gewinnserien maximal profitieren. Bei fünf aufeinanderfolgenden Gewinntrades mit einem Chance/Risiko Verhältnis von 2 beträgt 1 R für den sechsten Trade 110,41 Euro. 1 R ist somit schon nach fünf Trades um 10,41 % gestiegen. Hat man nun eine Verlustserie, tritt ebenfalls der große Vorteil der dynamischen R-Vielfachen auf. Nach fünf Verlusten beträgt 1 R 95,15 Euro (100 * 0,99^5). Man kann sich natürlich fragen, warum ein Verlust immer nur 1 R beträgt. Das ist ganz einfach. Verluste sollten immer kleiner sein als potentielle Gewinne, ansonsten könnte man sein Geld auch in ein Casino tragen und dort am Roulette-Tisch spielen. Hier beträgt die Chance knapp 50 %, wenn man auf Rot oder Schwarz, Gerade oder Ungerade setzt. Doch es handelt sich hierbei um Daytrading. Es geht um Arbeit, nicht um Glückspiel. Deshalb stellt der Verlust immer die minimale Einheit dar. Und aus diesem Grund wird diese Einheit als 1 bezeichnet. Das Kursziel bzw. das Chance/Risiko Verhältnis stellt immer eine Vielfache vom eingegangenen Risiko dar.

Wir haben nun also geklärt, dass der Vorteil am dynamischen R-Vielfachen darin liegt, dass bei längeren Gewinnserien der Gewinn immer weiter steigt, weil auch das R-Vielfache immer größer wird. Genauso verhält es sich bei Verlustserien, wo der maximale Verlust immer kleiner wird. Und genau dieser Umstand führt uns auch zum großen Nachteil von dynamischen R-Vielfachen. Der Verlust am Ende einer Gewinnserie ist immer der größte. Genauso wie der erste Gewinn am Ende einer Verlustserie immer der kleinste ist. Kehren wir zu Illustrationszwecken noch einmal zum Beispiel von vorher zurück.

Wir haben bereits berechnet, dass 1 R bei 5 Gewinnern in Folge bei 110,41 Euro liegt. Ist der sechste Trade also ein Verlierer, dann beträgt der absolute Verlust mit dieser Position 110,41 Euro. Nach einer Verlustserie von 5 Trades beträgt der erste Gewinn gerade einmal 95,10 Euro. Wie kann man sich gegen diesen Nachteil nun wehren? Eine Patentlösung gibt es leider nicht. Mit der Zeit können Sie durch statistische Auswertungen aber feststellen, welches System für Sie am besten funktioniert und so eine „Optimierung« herbeiführen.

Spielen wir unser Beispiel nun anhand von statischen R-Vielfachen durch. Hierbei beträgt 1 R für jeden Trade 100 Euro. Nach fünf Gewinnern beträgt 1 R also immer noch 100 Euro – im Gegensatz zu 110,41 Euro beim dynamischen R-Vielfachen. Kommt es nun jedoch zum ersten Verlust nach der Gewinnserie, beträgt der Verlust lediglich 100 Euro. Beim dynamischen R-Vielfachen jedoch satte 110,41 Euro. Anhand der Tabelle können Sie sehen, was das in absoluten Zahlen jeweils bedeutet.

Trade #	Statisches R-Vielfaches Gewinn/Verlust	Dynamisches R-Vielfaches Gewinn/Verlust
1	100,00	102,00
2	100,00	104,04
3	100,00	106,12
4	100,00	108,24
5	100,00	110,41
6	-100,00	-110,41
Summe	**400,00**	**420,40**

Tabelle 2

Der Härtetest

Anhand von einfachen Simulationen werden wir feststellen, bei welchen Trefferquoten welches System das effektivste darstellt. Dabei werden einige Annahmen getroffen, die in der Realität eintreffen können, jedoch nicht müssen. Das Beispiel soll lediglich illustrieren, wo genau die Unterschiede zwischen dynamischen und statischen R-Vielfachen liegen. Betrachten wir zunächst die Annahmen, die für alle Simulationen gleich sind.

Pro Monat stehen 20 Handelstage zur Verfügung.
Pro Handelstag werden 2 Trades durchgeführt.
Aus Gründen der Einfachheit wird angenommen, dass zuerst der eine Trade eröffnet und geschlossen wird, und erst danach der andere.
Wir befinden uns in einem binären System. Entweder wird das Kursziel erreicht, oder aber der Stop-Loss ausgelöst.
Wenn das Kursziel erreicht wird, dann gewinnen wir exakt 2 R, wenn der Stop-Loss ausgelöst wird, dann verlieren wir exakt 1 R.

Wenn wir einen Blick auf die Prämissen werfen, denen unser System zu Grunde liegt, dann erkennt man schnell, welche Stärken und Schwächen es hat. Dennoch eignet es sich hervorragend, um die Unterschiede zwischen statischem und dynamischen R-Vielfachen zu zeigen. Eine gute Eigenschaft beider Systeme ist die einfache Mathematik, die dahinter steckt. Es ist bei beiden vollkommen egal, in welcher Reihenfolge Gewinn bzw. Verluste auftreten. Überdies können wir genau erkennen, welche Trefferquote notwendig ist, damit unser System profitabel bleibt.

Betrachten wir zunächst die Ergebnisse, die uns ein System mit 50 % Trefferquote liefert. Wenn jeder zweite Trade ein Gewinner ist, dann sehen wir insgesamt 20 Gewinner und 20 Verlierer. Dennoch können wir sehen, dass wir am Ende des Monats ordentlich Geld verdient haben. Beim dynamischen System ganze 2.153,67 Euro, was etwa 21,54 % im Vergleich zum Ursprungsportfolio entspricht, beim statischen immerhin 2.000,00 Euro, was exakt 20 % entspricht.

Betrachten wir nun die Ergebnisse bei vorgegebenen Trefferquoten in 10 %-Intervallen. Es ist interessant zu beobachten, wie sich der Kontostand je nach Trefferquote entwickelt und welche Unterschiede auftreten, wenn man sich nun für ein dynamisches oder statisches R-Vielfaches entscheidet. Tabelle 3 zeigt die Ergebnisse.

Trefferquote	dynamisch	statisch
10 %	7.538,20	7.200,00
20 %	8.494,30	8.400,00
30 %	9.571,67	9.600,00
40 %	10.785,68	10.800,00
50 %	12.153,67	12.000,00
60 %	13.695,16	13.200,00
70 %	15.432,18	14.400,00
80 %	17.389,50	15.600,00
90 %	19.595,08	16.800,00
100 %	22.080,40	18.000,00

Tabelle 3: Trefferquote

Wie wir erkennen können, fällt unser Risikokapital in einem Monat mit einer Trefferquote von lediglich 10 % auf 7.538,20 Euro bzw. 7.200 Euro, je nachdem welches System der R-Vielfachenberechnung wir herangezogen haben.

Stärker fällt der Unterschied jedoch auf, wenn man die Szenarien betrachtet, in denen die Trefferquote besonders hoch war. Bei einer Trefferquote von 100 % beträgt der Unterschied im Kapitalzuwachs ganze 4.080,40 Euro.

Der Unterschied wird durch Grafik 21 hervorragend illustriert. Hier können wir sehen, wie sich die Distanz zwischen jener Linie, die die Kapitalentwicklung bei der dynamischen Berechnung des R-Vielfachen repräsentiert, und der Linie, die die Kapitalentwicklung bei Heranziehen der statischen Berechnungsmethode immer weiter vergrößert, je höher die Trefferquote liegt. Die Entwicklung der statischen Linie ist linear, während die der dynamischen Linie eine Kurve darstellt, die sich exponentiell entwickelt.

Ein Blick in Tabelle 3 zeigt uns, dass unsere ersten Vermutungen über die Schwächen der dynamischen Berechnungsmethode unbegründet waren. Wir gingen davon aus, dass es zum Problem werden könnte, dass der erste Gewinn nach einer Serie von Verlusten immer der kleinste ist, und diese Methode in Szenarien mit schlechter Trefferquote seine Schwäche offenbaren würde. Wie wir aber erkennen können, ist dem nicht so. Im Gegensatz zur statischen Berechnungsmethode ist der Verlust bei einer Trefferquote von nur 10 % um 538,20 Euro geringer, als bei der statischen Methode. Das widerspricht unserer ersten Vermutung vollkommen. Hierbei ist natürlich nicht zu vergessen, dass wir von einem konstanten Gewinn von 2 R ausgehen. Für gewöhnlich weisen Systeme mit geringer Trefferquote jedoch hohe R-Vielfache auf, wenn tatsächlich ein Gewinn-Trade realisiert wird.

Und auch unsere zweite Vermutung, nämlich dass es problematisch sei, dass der erste Verlust nach einer Serie von Gewinnern der größte sei, erwies sich als Trugschluss. Bei hohen Trefferquoten zeigt sich die wahre Stärke der dynamischen Berechnungsmethode. Man kann durch einen Blick auf die gestrichelte Linie in Grafik 21 eindeutig erkennen, dass je höher die Trefferquote, desto besser die dynamische Methode.

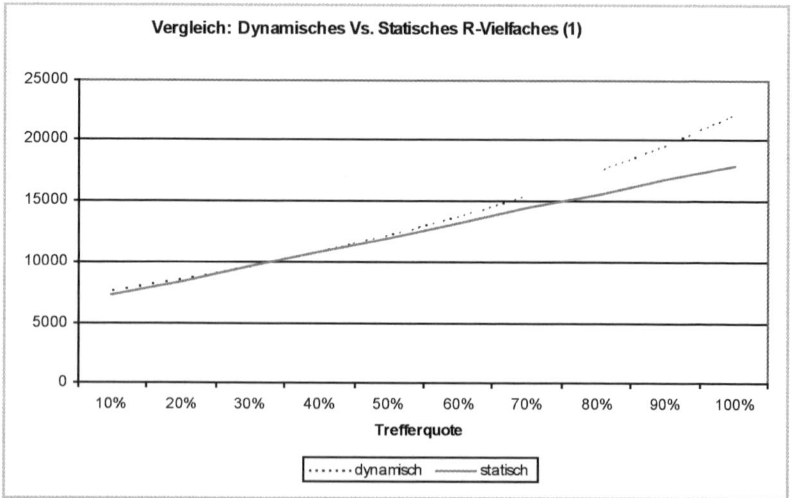

Grafik 21: Dynamisches Vs. Statisches R-Vielfaches

Die Stärken der dynamischen Methode offenbaren sich also entgegen unserer ersten Vermutung dann, wenn die Trefferquote gering bzw. sehr hoch ist. Hier ist das statische Modell deutlich unterlegen. Ein genauerer Blick auf die Werte-Tabelle zeigt uns jedoch, dass auch das statische Modell seine Stärken hat. Und zwar genau dann, wenn die Trefferquote zwischen 22,50 % und 45,00 % liegt.

In diesem Bereich ist der Kontostand beim statischen Modell höher als beim dynamischen. Tabelle 4 zeigt uns die Werte.

Trefferquote	dynamisch	statisch
22,50 %	8.751,70	8.700
25,00 %	9.016,91	9.000
27,50 %	9.290,15	9.300
30,00 %	9.571,57	9.600
32,50 %	9.861,72	9.900
35,00 %	10.160,56	10.200
37,50 %	10.468,45	10.500
40,00 %	10.785,68	10.800
42,50 %	11.112,52	11.100
45,00 %	11.449,26	11.400

Tabelle 4: Kontostand bei dynamischer/statischer Berechnung

Wie man schnell erkennen kann, ist der Kontostand bei einer Trefferquote von 27,50 % beim statischen Modell das erste Mal höher als beim dynamischen. Und das bleibt so, bis die Trefferquote auf über 40,00 % steigt. Grafik Y verdeutlicht diesen Performance-Unterschied grafisch. Auch hier stellt die gestrichelte Linie das dynamische Methode dar, und die durchgezogene das statische Modell. Das Bild zeigt uns eine Nahaufnahme von Grafik 22.

Wie wir jetzt wissen, beträgt das Performanceband, in dem das statistische Modell besser abschneidet als das dynamische gerade einmal 12,50 %. Doch bei diesem Abschnitt handelt es sich um einen ganz besonderen Abschnitt. Die Trefferquote der meisten Trader fällt in diese

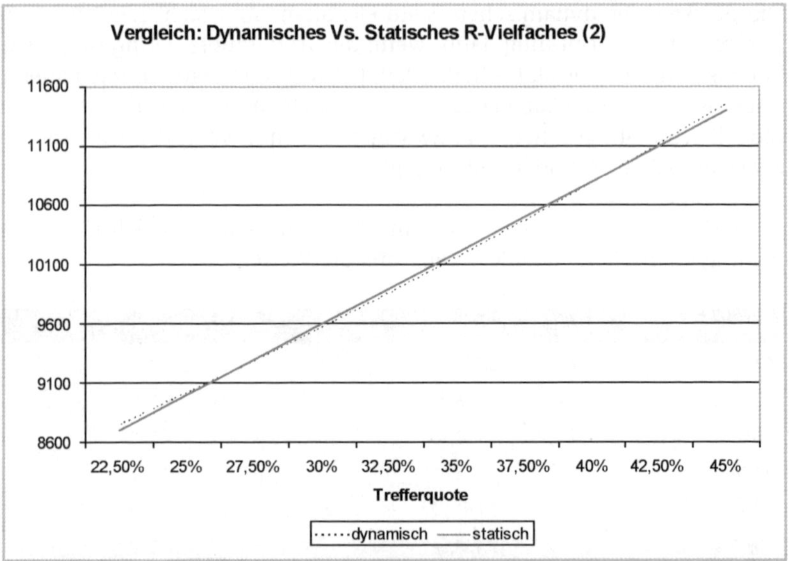

Grafik 22: Dynamisches Vs. Statisches R-Vielfaches, genauer betrachtet

Range. Man kann also durchaus behaupten, dass man, sollte man eine Trefferquote von über 40,00 % erreichen, den dynamischen Ansatz verfolgen sollte.

Natürlich dürfen wir unsere Prämissen nicht vergessen. Jeder Trade erreicht entweder das Kursziel, oder wird ausgestoppt. In der Realität jedoch werden Trades relativ oft glattgestellt, bevor eines dieser beiden Ereignisse eingetreten ist. Das liegt zum einen daran, dass man Trades noch glattstellen will, bevor der Markt schließt, zum anderen aber daran, dass sich ein Trade nicht so entwickelt wie gewünscht und einem die eigene Erfahrung sagt, dass man aussteigen sollte. Außerdem gibt es verschiedene Exit-Strategien, die das sofortige und komplette Glattstellen der Position bei Kurszielerreichung nicht vorsehen.

Trotzdem zeigt uns die Analyse dieser beiden Methoden eines ganz deutlich. Es macht durchaus Sinn das eigene Trading zu analysieren und dann zu versuchen, möglichst effektiv mit den gewonnenen Daten zu arbeiten. Hat man also tatsächlich eine Methode gefunden, in der man eine Trefferquote von über 40,00 % erreicht und konnte dabei durchschnittlich ein Chance/Risiko Verhältnis von über 2,00 realisieren, dann sollte man mit dynamischen Chance/Risiko Verhältnissen arbeiten.

Liegt die Trefferquote jedoch in einem Bereich zwischen 27,50 % und 40,00 % und man erreicht in etwa ein Chance/Risikoverhältnis von 2,00 bei den Gewinntrades, dann sollte man auf das statische System umsteigen.

Zusammenfassung

Ich möchte noch einmal darauf hinweisen, dass es sich bei diesen Illustrationen um vereinfachte Darstellungen mit wichtigen Prämissen handelt, die der Realität zwar entsprechen können, nicht jedoch müssen. Dennoch möchte ich eine Empfehlung aussprechen. Halten Sie den maximalen Verlust pro Trade konstant – und zwar nicht absolut sondern relativ. Riskieren Sie bei jedem Trade maximal 1 R und vergessen Sie dabei nicht weitere anfallende Kosten zu berücksichtigen. Denn diese sind real und wirken sich auf Ihr Profit/Loss Statement aus. Ob Sie nun mit statischem oder dynamischen R-Vielfachen arbeiten, bleibt Ihnen überlassen. Am besten Sie legen sich auf eine Methode fest (die meisten Trader wählen ohne darüber nachzudenken die dynamische Methode), und entscheiden sich nach einer bestimmten Anzahl von Trades dafür, welche Methode nun die bessere gewesen wäre. Im Laufe der Zeit werden Sie sehr hilfreiche Erkenntnisse aus diesen Auswertungen gewinnen können.

simplified

7 Die Psychologie beim Daytrading

In diesem Buch geht es um Daytrading. Aus diesem Grund trägt dieses Kapitel auch den Namen „die Psychologie beim Daytrading«. Nichtsdestoweniger ist es notwendig, zunächst auf gewisse psychologische Aspekte beim Trading allgemein einzugehen, ehe man definieren kann, wo die speziellen Feinheiten fürs Daytrading liegen.

Der Tradingplan

Sie werden sich vielleicht die Frage stellen, was ein Tradingplan mit der Psychologie beim Daytrading zu tun hat. Am Ende dieses Abschnitts werden Sie aber erkennen, das ein Tradingplan unmittelbare Auswirkungen auf Ihre Psychologie haben wird. Es hängt alles davon ab, ob unvorhergesehene Dinge passieren, und wie man mit Angst und Gier umzugehen lernt.

Wenn man keinen Tradingplan hat, dann überlegt man sich vor einem Trade eigentlich nur zwei Dinge. Welches Underlying will ich handeln? Und zu welchem Preis bin ich bereit, es zu kaufen? Hat man diese Entscheidungen getroffen, dann geht man die Position ein. Doch bevor man das kann, stellt sich erneut eine Frage, die man zunächst gar nicht bedacht hat. Nämlich wie viel Stück des Underlyings soll ich kaufen? Je nachdem wie zuversichtlich man ist, gibt man eine höhere oder geringere Stückzahl ein. Das Engagement bekommt daher eine willkürliche Gewichtung im Verhältnis zum Gesamtdepot. Erst beim zweiten Trade, den man wohl nach demselben Muster eingeht, lässt sich bestimmen, welche Bedeutung dem ersten Trade zukommt. Ist nämlich mehr Kapital im ersten Trade gebunden, dann impliziert dies, dass man dieses Investment als wichtiger erachtet, oder aber mehr Vertrauen in den Trade hat. Hat man weniger Geld im ersten als im zweiten investiert, dann scheint das Vertrauen bei der zweiten Position bereits gestiegen zu sein.

Verschiedenste Faktoren sind dann dafür verantwortlich, dass der Kurs des Underlyings sich in die gewünschte Richtung bewegt. Ist dies der Fall, dann freut man sich als Trader natürlich. Man hat zwar grundsätzlich gar keine Ahnung, wann man aus dieser Position wieder aussteigen sollte, aber der Kurs läuft bereits den ganzen Tag sehr gut und so beschließt man die Position über Nacht zu halten. Noch vor der Markteröffnung des nächsten Tages kursieren Gerüchte, dass der Gewinn des Unternehmens, von dem man gerade Aktien hält, womöglich kleiner sein, als dies erwartet wurde. Im vorbörslichen Handel zeichnet sich ein riesiges Down-Gap ab. Der Kurs eröffnet dann knapp unterhalb des Einstiegsniveaus. Die ganzen schönen Gewinne sind dahin. Man ärgert sich, dass man die Position nicht schon geschlossen hat und trauert dem potentiellen Gewinn nach. Die Position wird jedoch noch nicht geschlossen, immerhin hat man ja noch kein Geld verloren, und auf das Niveau, auf das die Aktie schon mal gestiegen ist, wird sie locker wieder steigen können. Diese Gerüchte sind wohl nur Humbug.

Im Laufe des Handelstages fällt der Kurs kontinuierlich weiter, und man ist mit der Position bereits deutlich im Minus. Sollte man die Position etwa glattstellen? Nein, denn einen Verlust will man nicht so schnell hinnehmen. Der Trade sollte zumindest noch auf Break-Even steigen, ehe die Position geschlossen wird. Jetzt wird der Verlust im Laufe des Tages immer größer. Zusätzlich gibt das Unternehmen heute tatsächlich wichtige Quartalszahlen bekannt. Bestimmt wird sich das Gerücht, dass die Gewinne gefallen sind, als haltlos erweisen. Der Vorstand des Unternehmens beginnt die Pressekonferenz mit den Worten, „Leider müssen wir bekannt geben...«, jetzt fällt der Kurs dramatisch, der Verlust wird immer größer und die Position wird sofort mit einer Market-Order glattgestellt. Vom einstigen Hochkurs kann man nur noch träumen.

Doch was ist mit dem zweiten Trade passiert? Auch dieser wurde übernacht gehalten und ist nach der Markteröffnung etwas ins Minus gerutscht. Der Verlust war zwar deutlich kleiner, weil die Positionsgröße wesentlich kleiner gewählt war, doch im Laufe des Handelstages konnte der Kurs ein wenig über den Einstandskurs steigen. Auch diese Position wird sofort mit einer Market-Order geschlossen, immerhin hat man doch lieber den „Spatz in der Hand, als die Taube auf dem Dach«. Man macht einen kleinen Gewinn und hat jetzt keine offenen Positionen mehr, dafür aber einen groben Verlust und einen kleinen Gewinn zu Buche stehen.

Betrachten wir das eben geschilderte Szenario von der psychologischen Seite und begeben wir uns dann auf die Fehleranalyse, die uns schildern wird, wo uns ein Tradingplan vor Fehlern bewahrt hätte.

Das ganze Problem beginnt dabei, dass man sich beim Eingehen der Position nicht darüber bewusst ist, wie groß die Position sein soll. Das eigene Vertrauen ist groß und das spiegelt sich auch in der Positionsgröße wieder. Professionelle Trader variieren nur dann in der Positionsgröße, wenn die Höhe des Chance/Risiko Verhältnisses dies verlangt. In unserem Beispiel wurde ein solches aber niemals berechnet. Nach dem Eingehen wird einfach abgewartet, wie sich die Position bewegt. Dabei sollte man gleich nach der Durchführung der (in diesem Fall) Kauforder eine Stop-Loss-Order platzieren, die einem genau sagt, wie viel man mit diesem einen Trade bereit ist, zu verlieren. Auch sollte man wissen, wie viel man mit der Position verdienen will. Dies stellt ja den eigentlichen Zweck des Tradings dar. Ich will wissen, wie viel ich verdiene, sollte dieser Trade zum Gewinner werden. All diese Dinge wurden jedoch nicht bedacht, und so wurde nicht das Chance/Risiko Verhältnis zum ausschlaggebenden Kriterium, sondern das eigene Empfinden.

Noch bevor der Handelstag um war, wurde eine zweite Position eröffnet. Auch in diesem Fall war vorher nicht klar, wie groß die Position sein soll. Es wird aber ganz willkürlich eine kleinere Position gewählt, da man bei diesem Trade nicht so zuversichtlich ist, wie beim ersten. Von Stop-Loss oder Kursziel ist auch hier keine Spur. Danach folgen die nächsten Fehler. Beide Positionen werden über Nacht gehalten. Das birgt große Risiken in sich, vor allem dann, wenn man gehebelt agiert, was beim Daytrading gang und gäbe ist. Und noch ein Fehler ist zu erkennen. Wie wir im Abschnitt „der Tagesablauf« besprochen haben, liegt ein ganz wichtiger Schritt beim Daytrading darin, sich darüber zu informieren, ob ein potentieller Kandidat für einen Trade womöglich bald Zahlen veröffentlichen wird. Es ist zwar durchaus üblich im vornhinein dieses Underlying zu handeln, und somit die Erwartungen der Anleger zu traden, man sollte an Tagen der Veröffentlichung der Nachrichten jedoch die Finger von diesen Aktien lassen. Nur sehr erfahrene Trader können gut einschätzen was passieren wird. Wenn man jedoch eine gewisse Anzahl von Underlyings im Auge hat, dann ist es fast unmöglich über jedes solch spezifisches Wissen zu haben.

Der nächste Tag beginnt und man hält immer noch zwei Positionen, die man gar nicht halten sollte. Die große Position eröffnet in etwa auf Einstandsniveau. Hat man zu diesem Zeitpunkt den eigenen Fehler registriert, kann man noch ohne große Probleme die Handbremse ziehen und die Position glattstellen. Im Laufe des Tages fällt der Kurs jedoch immer weiter. Man trauert aber immer noch den schönen potentiellen Gewinnen nach und wartet darauf, dass der Markt sich dreht. Darüber, dass im Laufe des Handelstages die angekündigten Zahlen veröffentlicht werden, weiß man gar nichts. Man sieht nur, wie der Kurs plötzlich dramatisch zu fallen beginnt. Nun kann man nicht mehr anders, die Angst noch mehr zu verlieren ist zu groß und man stellt die Position mit Riesenverlust glatt.

Plötzlich fällt einem auf, dass man ja noch eine zweite offene Position hält. Diese befindet sich derzeit knapp im Plus, also stellt man die Position glatt. Auch diese Position dürfte man gar nicht mehr halten. Tatsächlich steigt der Kurs jedoch im Laufe des Tages noch deutlich an, und man ärgert sich, dass man nicht länger zugewartet hat.

Man durchlebt eine Fülle von Emotionen. Zunächst geht man die Positionen ein und verfolgt das Marktgeschehen am Bildschirm sehr nervös. Als sich die offenen Positionen in die gewünschte Richtung bewegen, wird man euphorisch und fühlt sich bestätigt. Man hat ja schon vorher gewusst, dass dieser Trade gut laufen wird. Mit dieser Zuversicht beginnt man den nächsten Tradingtag. Die vorbörslichen Aktivitäten hat man gar nicht beachtet und ist vom großen Down-Gap, dass sich beim ersten Trade gebildet hat völlig schockiert. Zum Glück ist die Position nicht weit im Minus, das wird schon wieder. Doch die Position läuft immer weiter ins Minus und man beginnt sich schön langsam zu fragen, ob es nicht besser gewesen wäre, die Position zu schließen. Man wird verunsichert. Plötzlich fällt der Kurs noch weiter. Man ist sich sicher, dass man die Position glattstellen wird, sobald der vorherige höhere Kurs wieder erreicht wird, und der Verlust überschaubar bleibt. Auf einmal beginnt der große Abverkauf, die Position verliert innerhalb weniger Minuten deutlich an Wert. Man bekommt Anst. Angst davor, dass man große Summen Geld verlieren könnte. Also stellt man die Position sofort glatt. Völlig verunsichert fällt einem die zweite kleinere Position ein. Man blickt auf die Entwicklung und sieht, dass diese ein wenig im Plus ist. Sofort erinnert man sich auf den Abverkauf beim ersten Investment. Die Position wird glattgestellt. Man ist sich sicher, dass dies die richtige Entscheidung war. Im Laufe des Tages erkennt man jedoch, dass die Aktie deutlich zulegen konnte, und dass man den Gewinn einfach verschenkt hat. Man geht mit negativen Emotionen aus diesem Handelstag.

Natürlich stellt diese Vorstellung eine Art Horrorszenario dar. Es bringt aber auf den Punkt, wie man die eigenen Nerven bestmöglich schonen kann. Stellen Sie sich ganz einfach vor, dass Sie bereits im Vorhinein wissen, ob das gewünschte Underlying an diesem Tag wichtige Nachrichten veröffentlicht. Tut es das, dann wird auf die Position verzichtet. Werden keine Nachrichten veröffentlicht, dann wird die Aktie zum potentiellen Kandidaten. Das Kursniveau ist derzeit sehr interessant. Man findet charttechnisch auch sehr schnell einen vernünftigen Stop-Loss, und auch ein Kursziel ist schnell berechnet. Das Chance/Risiko – Verhältnis rechtfertigt einen Trade und bei der Positionsgrößenbestimmung berücksichtigt man, dass beim Ausgestopptwerden maximal 1 Prozent des Risikokapitals verloren geht. Jetzt erkennt man, dass auch noch ein weiterer potentieller Trade ansteht. Man durchläuft dasselbe Prozedere, berechnet Chance/Risiko – Verhältnis und Positionsgröße, vergewissert sich, dass keine relevanten Nachrichten veröffentlicht werden und geht die Position ein. Auch hier verliert man im schlimmsten Falle 1 Prozent des Risikokapitals. Am Ende des Tages sind beide Position im Plus. Das Kursziel wurde zwar nicht erreicht, der Markt schließt jedoch in wenigen Augenblicken und so beschließt man die beiden Positionen zu schließen. Die Profite sind zwar nicht wirklich groß, aber immerhin hat man am nächsten Tag auch noch die Chance bei anderen Underlyings Gewinne zu machen.

Bei diesem Szenario hat man seine Hausaufgaben schon vor dem Eingehen der Position gemacht. Die Emotionen, die solange die Positionen im Markt sind, entstehen, , können und sollen gar nicht komplett ausgeblendet werden. Man weiß aber wenigstens, was passiert, falls Kursziel oder Stop-Loss-Niveau erreicht werden. Am Ende des Tages ist man sich bewusst, dass man sich an alle Regeln gehalten hat und kann zufrieden den Handelstag beenden.

Dieses Beispiel zeigt schon sehr deutlich die Feinheiten, die die Psychologie gerade beim Daytrading zu bieten hat. Innerhalb weniger Stunden ist man Emotionen augesetzt, die bei Langfristinvestoren wahrscheinlich nur im Laufe von Monaten oder Jahren auftreten. Beim Daytrading muss man ganz bestimmte Aspekte beachten. Und wenn man hier seine Hausaufgaben gemacht hat, dann kann man einen großen Teil der Emotionen ausschalten.

Die Bedeutung des Tradingkapitals

Auch die Bedeutung des Tradingkapitals ist sehr wichtig, wenn über die Psychologie beim Daytrading spricht. Der Stellenwert des Kapitals mit dem tradet ist nämlich mit dafür verantwortlich, welchem Stress man selbst ausgesetzt ist. Grundsätzlich kann man das Risikokapital fürs Daytrading in mehrere Kategorien einteilen.

- Man handelt mit Fremdkapital
- Man verwaltet das Geld anderer Leute
- Man tradet mit seinem gesamten Ersparten
- Man tradet mit Kapital, dass man ohne weiteres verlieren kann, ohne dabei vor dem finanziellen Abgrund zu stehen
- Man hat genug Geld, dass man von den Zinsen leben kann. Ein Teil dieser Zinsen wird dann dazu verwendet, um an der Börse zu agieren

Des Weiteren muss man sich darüber im Klaren sein, aus welchem Motiv man eigentlich tradet. Auch hier gibt es eine Reihe von Gründen.

- Man tradet aus Langeweile.
- Man tradet, weil man es in anderen Gebieten schon geschafft hat und sich nun an den Märkten beweisen will.
- Man tradet, weil man finanzielle Probleme hat und versucht, sich so wieder zu fangen.

Diese Punkte sind zwar nicht erschöpfend aufgezählt, lassen aber natürlich verschiedene Kombinationen zu. Eine interessante Kombination wäre beispielsweise, dass man mit Fremdkapital (also mit einem Kredit der Bank) tradet und dies tut, weil man finanzielle Probleme hat. Das ist eine sehr problematische Situation. Denn der Stress, den man alleine deshalb ausgesetzt ist, weil man zumindest die Zinsen für den laufenden Kredit abdecken will und noch zusätzlich an der eigenen Schuldentilgung arbeiten will, ist natürlich enorm. In solch einem Fall muss ich vom Trading allgemein, vor allem aber vom Daytrading abraten. Die Vorzeichen stehen extrem schlecht, dass sich hier langfristiger Erfolg einstellen wird.

Es gibt aber auch genug Menschen, die traden und es sich ganz locker leisten können, weil sie nur einen kleinen Teil der Zinsen als Risikokapital verwenden. In den meisten Fällen traden solche Personen zu einem gewissen Grade aus Langeweile. Auch in diesem Fall würde ich vom Trading abraten. Und zwar nicht, weil Personen, die den Vorteil haben finanziell abgesichert zu sein, nicht traden sollten, sondern weil Trading aus Langeweile sehr gefährlich sein kann. Man versucht dann oft Abenteuer, die man im wirklichen Leben vermisst an der Börse nachzuholen und wird zum Cowboy. In solchen Fällen ist es sehr schwer, diszipliniert zu traden.

Sie werden sich jetzt sicher fragen, welches denn die optimale Konstellation ist. Diese Frage kann jedoch nicht eindeutig beantwortet werden. Grundsätzlich ist aber jede Kombination interessant, in der Sie persönlich es schaffen können, diszipliniert zu traden und den Kopf möglichst frei von vermeidbarem Druck zu haben. Wer das Geld anderer Leute verwaltet, der hat gewissen Druck. Dieser Druck ist jedoch nicht vermeidbar. Jahr für Jahr sollte er eine gewisse Benchmark, zumindest aber den risikolosen Zins mit seiner Performance übertreffen. Das ist normaler Druck. Wenn man jedoch sein ganzes Erspartes zusammenlegt und im Falle eines Totalverlustes noch einmal ganz von vorne beginnen muss, dann arbeitet man in einer vermeidbaren Drucksituation. In solchen Fällen ist es wichtig, dass ein gewisser Teil für die Altersvorsorge verwendet wird und nur mit einem geringeren Anteil tatsächlich getradet wird. Lassen Sie sich aber nicht von zu großen Hebeln blenden. Wenn Sie anfallende Kosten für Analysesoftware, Hardware und ähnliches nämlich in Verhältnis zu einem sehr kleinen Tradingkonto setzen, dann werden Sie merken, dass diese überproportionale Dimensionen annehmen. Das wiederum belastet Sie psychologisch, was sich wiederum in den seltensten Fällen positiv auf die Performance auswirkt.

Die Position ist geschlossen, was nun?

Eine Position wird beim Daytrading spätestens mit Börsenschluss (in Ausnahmefällen auch im nachbörslichen Handel) geschlossen. Es kann aber durchaus vorkommen, dass Positionen schon nach wenigen Minuten wieder geschlossen werden. Das kann zum einen daran liegen, dass das Kursziel erreicht wurde, zum anderen könnte die Position aber auch ausgestoppt worden sein. In beiden Fällen liegt die potentielle Möglichkeit vor, dass man an diesem Handelstag noch einmal eine Position in diesem Basiswert eingeht. Viele Daytrader bearbeiten sogar ausschließlich einen oder zwei Basiswerte.

Sollten Sie erst mit dem Daytrading beginnen, dann rate ich davon ab nach dem Glattstellen der Position an diesem Handelstag noch einmal eine Position im selben Basiswert einzugehen. Dies hat psychologische Gründe. Ist die Position innerhalb kurzer Zeit ausgestoppt worden, dann ist man sehr enttäuscht und will womöglich das verlorene Geld zurückgewinnen. Das ist jedoch ein völlig verkehrter Ansatz. Jeder Trade ist ein Trade von vielen. Ihm kommt keine größere oder kleinere Bedeutung zu, nur weil es sich dabei um einen Gewinn- oder Verlust-Trade gehandelt hat.

Und auch wenn das Kursziel erreicht wurde, die Position also mit Gewinn glattgestellt wurde, ist Vorsicht geboten. In den meisten Fällen beobachtet man die Position nämlich noch weiter, weil man sicher gehen will, die richtige Entscheidung getroffen zu haben. Ist die Position nach dem Verkauf in die entgegengesetzte Richtung gelaufen, dann fühlt man sich bestätigt und denkt, dass man mit diesem Papier gar nicht falsch machen könne. Läuft die Aktie jedoch weiter, dann trauert man sehr gerne den verpassten Chancen nach. Dies ist jedoch alles andere als dienlich. Daher empfehle ich vor allem für Anfänger nur einmal am Tag ein bestimmtes Underlying zu traden.

Wenn Sie genug Erfahrung mit dem Daytrading gesammelt haben, dann können Sie durchaus auch mehrere Trades mit demselben Underlying an einem Handelstag eingehen, und dies sogar in verschiedene Richtungen. Es wird aber einige Zeit in Anspruch nehmen, bis Sie soweit sind.

Die Tradingpause

Da man als Daytrader einen Beruf ausführt, der ein hohes Stressniveau während der Arbeitszeiten mit sich bringt, sollte man auch regelmäßig in Urlaub gehen. Dabei muss man sich jedoch keinesfalls an den klassischen Ferien orientieren. Viel mehr macht es Sinn, dann in Urlaub zu gehen, wenn das Volumen an den Märkten gering ist. Meistens überschneiden sich diese beiden Zeiträume jedoch.

In diesem Abschnitt soll es aber auch darum gehen, dass man das Trading innerhalb eines Handelstages auf Eis legen kann, sollten gewisse Voraussetzungen gegeben sein. Diese können vielschichtiger Natur sein, haben natürlich aber einen nicht zu verachtenden psychologischen Aspekt.

Man könnte das Trading beispielsweise gerade eingestellt haben, weil man sich in einer Phase des Drawdowns befindet und weiß, dass die gegebenen Marktumstände Trades gerade nicht zu lassen. Zu diesen Zeiten nehmen die Marktvorbereitung und die Marktnachbereitung einen ganz wichtigen Stellenwert ein.

Viele Trader setzen sich auch einen maximalen Verlust pro Tag. Wenn dieser erreicht wurde, dann werden alle Positionen geschlossen und das Trading wird für diesen Tag eingestellt. Das kann durchaus Sinn machen. Man muss für sich selbst entscheiden, ob man das so handhaben will. Auch bei diesem Szenario werden weiterhin die Marktvorbereitung und die Marktnachbereitung vollzogen.

Die Zielsetzung

Wer schon einmal in einem großen Unternehmen gearbeitet hat und dabei das Glück hatte Mitarbeiter in einem Profit-Center zu sein, der hat hoffentlich schon einmal eine Bonuszahlung erhalten. Diese wird dann ausgezahlt, wenn gewisse Ziele erreicht wurden. Diese Ziele sind meistens sehr ehrgeizig gesteckt, können jedoch durchaus erreicht werden. Der Motivationsfaktor aufgrund dieser erfolgsabhängigen Bezahlung ist enorm.

Und genau solche Vorgaben sollten auch Sie sich machen. Stecken Sie sich Ziele. Diese sollten natürlich eine Reihe von Kriterien erfüllen.

→ Spezifisch
→ Messbar
→ Attraktiv
→ Realistisch
→ Terminiert

Man kann also davon sprechen, dass Ziele *smart* sein sollten. Gehen wir die verschiedenen Kriterien jetzt Punkt für Punkt durch. Natürlich werden wir die Begriffe an das Trading anpassen.

Spezifisch. Das bedeutet so viel wie präzise oder eindeutig formuliert. Es hat keinen Sinn, wenn Sie sich als Ziel setzen, dass Sie eine positive Performance abliefern wollen. Es ist viel besser einen absoluten Prozentsatz festzulegen, der erreicht werden soll. Vielleicht bestimmen Sie die Performance aber auch abhängig zu einem bestimmten Benchmark, etwa einem breiten Index. Das Ziel könnte lauten: Ich will mit meinem Daytrading die Entwicklung des DAX outperformen.

Messbar. Hierbei geht es darum, dass die gesteckten Ziele zu einem späteren Zeitpunkt auch objektiv kontrolliert werden können. Wenn Sie beispielsweise das Ziel haben 10 Prozent Performance zu machen, dann können Sie ganz einfach feststellen, ob dieses Ziel auch erreicht wurde.

Attraktiv. Ein Ziel sollte immer positiv formuliert werden, und dadurch motivierend wirken. Bei der Zielbeschreibung soll man den beabsichtigten Endstand so beschreiben, als ob dieser bereits Realität wäre. Die Formulierung sollte also folgendermaßen lauten: „Ich habe eine Performance von 10 % erzielt«. Und nicht, „ich habe weniger verloren, als der DAX«.

Realistisch. Bei diesem Kriterium ist darauf zu achten, dass Sie das Ziel durch Ihr eigenes Zutun erreichen können. Das ist bei der Performance zwar sehr schwierig, allerdings kann es Sinn machen sich vorzunehmen nur noch Trades einzugehen, denen ein Plan zu Grunde liegt, oder die eigene Disziplin auf ein Niveau zu bringen, dass man in weniger als drei Handelstagen einen finanziellen Verlust aufgrund von Disziplinlosigkeit hinnehmen musste. Die Ziele müssen überdies realistisch sein. Das Ziel „ich will 10000 % verdienen«, ist zwar durch hoch spekulatives Trading möglich, jedoch unrealistisch, wenn man es über einen längeren Zeitraum betreibt.

Terminiert. Hier geht es darum, dass Sie sich einen Zeitrahmen setzen, innerhalb dessen die Ziele erreicht werden sollen. „Ich möchte am Ende jedes Monats eine Outperformance gegenüber dem DAX erreicht haben«, oder „ich will am Ende des Jahres 10 % Profit gemacht haben«.

Sollten Sie am Ende einer Periode, hier bieten sich das Monats- oder Jahresende an, Ihre Ziele erreicht haben, dann können Sie sich zufrieden auf die Schulter klopfen. Doch das ist noch nicht alles. Bestimmen Sie schon im Vorhinein einen monetären Betrag, mit dem Sie sich belohnen wollen, wenn Sie Ihr Ziel erreicht haben. Ziele müssen jedoch nicht unbedingt auf Performance-Zahlen beschränkt sein. Sie können durchaus auch Ihre Organisiertheit, Disziplin oder statistische Auswertungen betreffen.

Setzen Sie sich also immer Ziele, die die SMART-Kriterien erfüllen. Dann werden Sie am Ende einer Periode genau wissen, ob Sie Ihren eigenen Ansprüchen gerecht werden konnten oder nicht.

simplified

8 Die Anfängerfehler

Planlosigkeit

Vor allem beim Daytrading ist es wichtig, dass man bereits vor Eingehen der Position alle möglichen Szenarien im Kopf und einen handfesten Plan parat hat. Im Englischen gibt es den Spruch „Plan your Trade – and trade your plan«. Man sollte somit jeden Trade planen und seinen Plan dann auch traden, also umsetzen. Wir widmen uns jetzt dem kurzfristigen Teil dieser Börsenweisheit – und zwar plane deinen Trade.

Die Eckpunkte eines Plans

Im Entscheidungsfindungsprozess, ob ein bestimmter Trade eingegangen werden sollte oder nicht, sollte man möglichst objektiv beurteilen können. Das hat noch lange nichts mit mechanischen Handelssystemen zu tun, sehr viel jedoch mit der Messbarkeit des eigenen Systems bzw. der eigenen Fehler. Ich betrachte immer eine ganz bestimmte Liste von Kriterien, die erfüllt sein müssen, ehe ich bereit bin, eine Position einzugehen. Zunächst muss die Trendrichtung festgelegt werden. Man muss entscheiden ob man sich gegen den Trend stellt, oder versucht, diesen zum eigenen Profit zu nutzen. Erfahrungsgemäß ist die Trefferquote bei Trades in Trendrichtung wesentlich höher, die potentiellen Profite bei Trends gegen die Trendrichtung jedoch lukrativer. Vor allem weniger erfahrene Trader sollten versuchen ausschließlich in Trendrichtung zu traden.

Das Chance/Risiko Verhältnis

Habe ich nun also festgelegt, ob gerade ein Aufwärts-, Abwärts- oder gar kein Trend zu beobachten ist, wird das Chance/Risiko Verhältnis berechnet. Ich benötige hierzu sowohl das Kursziel, als auch den Stop-Loss. Jeder Trader muss für sich selbst bestimmen, wo sein persönlicher

Mindestwert für das Chance/Risiko Verhältnis liegt. Meines liegt bei Trades in Trendrichtung bei mindestens 2,00. Das bedeutet, dass mein Kursziel vom Ausführungspreis mindestens doppelt so weit entfernt liegen muss, wie es der Stop-Loss tut. Dies bedeutet überdies, dass ich meinen Stop-Loss in jedem Fall durchführen muss, da ich sonst genauso auf die Berechnung des Chance/Risiko Verhältnisses hätte verzichten können. Wir können also festhalten, dass vor einem Trade gewusst werden muss, wo das Kursziel, und vor allem, wo der Stop-Loss liegt. Ich habe diesen Umstand im Laufe dieses Buches immer wieder betont. Das liegt daran, dass ich will, dass Sie diese Information auf jeden Fall mitnehmen.

Die Positionsgröße

Auch dieses Konzept habe ich Laufe des Buches bereits mehrmals erwähnt. Im Laufe der Jahre lernt man viele Konzepte kennen, die einem den Börsenerfolg versprechen. Die meisten davon sind bescheiden, aber einige sind tatsächlich sehr wertvoll. Eines der wertvollen Konzepte ist jenes der Positionsgrößenbestimmung, das wir bereits kurz im Kapitel „Der Handelstag« kennen gelernt haben. Wir haben es wohl dem Börsenpsychologen Van K. Tharp zu verdanken, auch wenn es sich dabei um simple Mathematik handelt. Bei der Positionsgrößenbestimmung wird das „wie viel« in einem Trade festgelegt. Sie gibt also Aufschluss darüber, wie viel wir bereit sind mit einem einzelnen Trade zu verlieren. Vor allem für Börsenneulinge ist dieses Konzept schwer fassbar. Ich persönlich arbeite mit einem Einzelpositionsrisiko von 1 %. Das bedeutet, dass ich mit jeder eingegangenen Position 1 % meines Kapitals riskiere, und niemals mehr. Bei einem Konto von 100.000 Euro (dieser Betrag wurde zur Veranschaulichung gewählt) beträgt das Risiko also 1.000 Euro bei einem einzelnen Trade. Das bedeutet, dass sich, sollte mein Stop-Loss erreicht werden, nur noch 99.000 Euro auf meinem Tradingkonto befinden. Wird jedoch mein Kursziel erreicht, dann liegt mein Kontostand bei mindestens 102.000 Euro. Dies ist ganz abhängig davon, wo ich mein Chance/Risiko Verhältnis festgelegt habe. Natürlich führen höhere Chance/Risiko Verhältnisse zu niedrigeren Trefferquoten, lassen Sie sich hier also nicht blenden.

Die Exitstrategien

Wenn man nun also festgelegt hat, in welche Richtung man die Position eingeht, wo Kursziel und Stop-Loss liegen, und welche Positionsgröße passend ist (das bedeutet, wie viel Aktien, Kontrakte, CFDs, etc. gekauft werden), kann man sich den Exitstrategien widmen. Diese kommen sowohl bei Erreichung des Stop-Loss also auch bei Erreichung des Kursziels zu tragen. Vor allem beim Daytrading sollte man jedoch auch eine Exitstrategie haben, die einem sagt, was man tut, sollte einem die Zeit ausgehen, sprich der Markt schließen. Übernachtpositionen gilt es hier ja zu vermeiden. Kommen wir jedoch zuerst zur Exitstrategie bei Erreichung des Stop-Loss. Hier gibt es nur eine einzige Strategie. Stellen Sie die Position glatt. Langfristig wird diese Strategie sehr lukrativ für Sie sein.

Jetzt geht es um die Exitstrategie bei Erreichung des Kursziels. Hierbei gilt es einige Parameter zu berücksichtigen, unter anderem den Zeitfaktor. Wird Ihr Kursziel kurz vor Börsenschluss erreicht, dann stellen Sie die Position glatt. Trader verdienen auch sehr viel Geld damit, Fehler zu vermeiden. Und Übernachtpositionen sind vermeidbar. Spielt der Faktor Zeit jedoch (noch) keine Rolle, dann kann man sich schon etwas überlegen. Eine mögliche Strategie liegt darin, die gesamte Position glatt zustellen. Ob so der Vorgabe „Gewinne laufen lassen« entsprochen wird, bleibt jedoch diskussionswürdig. Eine weitere Strategie könnte also darin liegen, dass man bei Kurszielerreichung einen Teil der Position glattstellt und den Stop-Loss auf Einstand oder darüber hinaus nachzieht. Nachziehen ist im Übrigen die einzige Alternative, wenn es um das Anpassen von Stop-Losses geht. Erfahrene Trader vergrößern die eigene Position manchmal sogar bei Kurszielerreichung. Sie wollen damit das Maximum mit einem einzelnen guten Trade herausholen. Natürlich achten diese Trader ganz genau darauf, wo sie daraufhin ihren Stop-Loss setzen. Für Anfänger ist diese Strategie jedoch nicht zu empfehlen. Man sollte unbedingt eine Exitstrategie finden, die zu einem passt. Nur dann wird man sie konsequent umsetzen können.

Bevor man einen Trade eingeht, sollte man sich also über folgende Dinge im Klaren sein:

→ Wohin läuft der Trend?
→ Wo liegt mein Stop-Loss?
→ Wo liegt mein Kursziel?
→ Wie hoch ist das CRV?
→ Wie groß ist die Position?
→ Was tue ich, wenn das Kurziel erreicht wird?
→ Was tue ich, wenn mir die Zeit ausgeht?

Wer diese Fragen für sich beantwortet hat, der hat vor dem Eingehen eines Trades einen Plan und kann nur sehr schwer von ungünstigen Umständen überrascht werden. Überraschungen führen schnell zu Fehlern, und diese gilt es zu vermeiden, und nicht etwa Verlusttrades. Diese sind nämlich Bestandteil des Spiels.

Most of Trading is Watching

Dieser Spruch bedeutet übersetzt, dass der eigentlich Großteil beim (Day)Traden darin liegt, dass man die Märkte beobachtet. Das sollte man einerseits während eines Trades tun, also während der Handelszeiten. Andererseits jedoch auch vor Markteröffnung bzw. danach. Das hört sich jetzt so an, als ob man sich permanent über die Geschehnisse an den internationalen Finanzmärkten informieren sollte. Das kann man zwar tun, sollte man aber nicht. Was genau zu tun ist, haben wir in den Kapiteln über den Handelstag und der Marktnachbereitung besprochen.

Der Vorteil gegenüber den Institutionellen

Institutionelle Investoren, also Fondsmanager bzw. Banken und Versicherungen unterliegen gewissen Richtlinien. Eine dieser Richtlinien besteht darin, dass diese Marktteilnehmer praktisch dazu „gezwungen« sind einen gewissen Anteil des Kapitals zu halten. Das bedeutet, dass diese Investoren ihren Investoren schuldig sind, das zur Verfügung gestellt Kapital zu investieren. Diesem Zwang sind private Trader nicht ausgesetzt. Und das ist auch sehr gut so. Wenn man nämlich eine Long-Only

Strategie verfolgt, was ich Ihnen als angehende oder aktuelle Trader nicht ans Herz legen würde, dann gibt es durchaus Zeiten, in denen es von Vorteil sein kann, wenn man sich aus den Märkten zurückzieht. Tradet man beispielsweise gerne Finanztitel, die ironischerweise der vorher angesprochenen Quote ausgesetzt sind, wäre es in Zeiten der Subprime-Krise mitunter angebracht gewesen keine Intraday-Longposition zu halten. Das aufkeimende Momentum sowie die erhöhte Volatilität sind zwar grundsätzlich die Freunde eines Daytraders, aber eigentlich nur dann, wenn man sowohl Long als auch Short-Positionen hält.

Kommen wir aber wieder auf das eigentliche Thema zurück. Die Cash-Quote in Ihrem Portfolio, die Ihnen darüber Auskunft gibt, wie groß jener Teil ist, der gerade nicht in einer Position gebunden ist, bzw. welcher Kapitalanteil gerade als Margin zur Verfügung steht, sollten Sie gehebelt handeln. Als Daytrader sollte der Cash-Anteil in Ihrem Portfolio zu Beginn und am Ende jedes Tages bei 100 % liegen. Das erscheint allein aufgrund der Tatsache logisch, dass Sie ein Daytrader sind und somit Übernachtpositionen vermeiden. Wenn Sie ein aktiver Daytrader sind, dann traden Sie pro Tag vielleicht fünf- bis 10 Mal.

Den Trade beobachten

Dieses Kapitel trägt den Namen „Most of Trading is Watching«. Und diese beobachtende Haltung nimmt man als Daytrader grundsätzlich den ganzen Tag lang ein. Zum einen, wenn man die Indizes nach Aktien durchstöbert, die sich gerade im vorbörslichen Handel befinden und durch große Kursdifferenzen zum Schlusskurs des Vortags auffallen. Hier kommt es höchstwahrscheinlich zu einem Gap. Wie man solche Gaps traden kann, haben wir bereits besprochen. Dies sind also sehr attraktive Möglichkeiten.

Es gilt aber auch laufende Trades zu beobachten. Wer dies schon einmal gemacht hat, der weiß, dass dies mehr als nur aufregend sein kann. Sobald die Position eingegangen wurde, konzentriert man sich nur noch auf die Entwicklung des Underlyings. Dieses Kapitel trägt aber nicht umsonst den Namen „Die Anfängerfehler«. Wenn man nämlich genau darüber nachdenkt, was man tut, wenn man eine laufende Position permanent unter Beobachtung hält, dann merkt man schnell, dass dieses

Verhalten nicht besonders sinnvoll ist. Zum einen hat man ohnehin einen Tradingplan. Denn ohne Plan wäre man die Position ja gar nicht erst eingegangen. Ein Plan bedeutet, dass Sie Positionsgröße, Kursziel und Stop-Loss kennen. Diese drei Dinge führen dazu, dass Sie überdies sämtliche Orders platziert haben, damit Sie Ihren Plan auch ausführen. Es ist also nicht wichtig, ob Sie den Weg zur nächsten Order kennen oder nicht.

Ein weiterer Punkt, warum das permanente Beobachten von laufenden Position nicht gerade das Optimum darstellt, was ein Trader mit seiner Zeit machen kann, sind Opportunitätskosten. Wenn man nämlich den ganzen Tag vor seinem Bildschirm sitzt und laufende Trades beobachtet, dann vergisst man dabei, dass auch noch unzählige andere Aktien da draußen existieren. Es könnte durchaus sein, dass sich auch ein interessantes Setup darunter befindet, mit denen man einen profitablen Trade hätte durchführen können. Dieser Chance verwehrt man sich, wenn man damit aufhört zu analysieren, nur weil man gerade eine offene Position hält.

Ein weiteres Problem beim ungebrochenen Beobachten einer laufenden Position betrifft die Emotion. Wenn die Position sofort nach dem Eingehen zu laufen beginnt, was sie auch tun sollte, dann wird man schnell euphorisch. Man ist sofort davon überzeugt, dass dieser Trade aufgehen wird. Beginnt der Kurs sich jedoch gegen die Wunschrichtung zu entwickeln, dann verliert man schnell jegliches Selbstvertrauen, das einzige, was einem dann noch bleibt, ist zu hoffen, dass der Trade noch ein Gewinner wird. Wenn wir aber zwei Dinge beim Daytraden nicht brauchen können, dann sind das Euphorie und Hoffnung. Stellen Sie sich vor, dass der Trade fast das Kursziel erreicht, nur um kurze Zeit später doch ausgestoppt zu werden. Sie werden Ihren eigenen Plan anzuzweifeln beginnen. Genauso verhält es sich natürlich mit Positionen die beinahe ausgestoppt wurden und dann doch noch zu Gewinnern wurden. Der einzelne Trade ist nicht wichtig. Erst nur Teil eines großen Ganzen, nämlich des Tradingplans. Messen Sie einem Trade niemals mehr Bedeutung zu als er verdient. Am einfachsten schafft man das, indem man Trades nur in periodischen Abständen betrachtet. Etwa einmal pro Stunde.

Kurz bevor die Börse schließt, also auch Sie Ihre Positionen schließen sollten, ist jedoch wieder Handlungsbedarf und vermehrte Beobachtung gegeben. Was tun die Märkte am Marktschluss. Wie weit im Plus/Minus befindet sich Ihre Position? Macht es womöglich Sinn die Position zu schließen? Diese Fragen müssen Sie für sich beantwortet haben. Jedoch nicht im Moment der Beobachtung, sondern wenn Sie Ihren Plan entwickelt haben. Sie haben richtig geraten, erneut gilt es die Emotionen auszublenden und das zu tun, was Ihnen Ihr Tradingplan sagt.

Die Phase des Drawdown

Man fragt sich vielleicht warum dieses Kapitel bei den Anfängerfehlern zu finden ist. Die Antwort ist ganz einfach. Das Verhalten in Phasen des Drawdowns trennt die Spreu vom Weizen. Nur fortgeschrittene bzw. professionelle Trader wissen, wie man sich in dieser Phase zu verhalten hat. Anfänger werfen in diesen Zeitabschnitten gerne ihre Nerven weg und ihre Grundsätze und Regeln über Bord.

Bleiben Sie cool

Die Antwort auf die Frage, wie man sich in einer Phase des Drawdowns zu verhalten hat, kann man sich eigentlich selbst beantworten. Natürlich gilt es auch in solchen Phasen den eigenen Tradingplan zu befolgen und Regeln keinesfalls zu missachten. Im besten Fall hat man sich für so ein Szenario sogar einen genauen Ablauf überlegt.

Wer ein System entwickelt und nicht nur darauf los tradet, der kennt die Stärken und Schwächen seines Systems. Vor allem Trendfolgestrategien haben oftmals Phasen langer Drawdowns zur Folge. Das gehört ganz einfach dazu, hier gibt es gar keinen Grund nervös zu werden. Wer beim Trading gewinnen will, der muss auch bereit sein zu verlieren. Wenn Sie diszipliniert handeln, dann führt der Pfad langfristig zu Gewinnen. Drawdownphasen sind Umwege auf der Route dort hin. Leider habe ich noch niemanden getroffen, der es geschafft hätte, Drawdownphasen zu vermeiden.

Genau bei dieser Problematik setzt vernünftiges Money Management an. Wenn man seine Positionsgröße nach jedem erfolgreichen Trade vergrößert, was durchaus eine beliebte und weit verbreitete Technik ist, dann ist der erste Verlust am Ende einer Gewinnserie natürlich immer am größten. Der erste Gewinn nach einer Verlustserie jedoch immer am kleinsten. Darum sollte man auch andere Strategien in Erwägung ziehen. Macht es beispielsweise Sinn einen Monat lang dieselbe Positionsgröße zu traden? Wie hätte sich das auf mein Profit/Loss Statement ausgewirkt? Genau dieser Frage haben wir uns bereits im Kapitel über Money Management gewidmet. Wie Sie sich sicher erinnern können, mit faszinierenden Ergebnissen und Erkenntnissen. Wenn man bedenkt, dass man als Daytrader vermutlich um die 100 Trades pro Monat tätigt (5 Trades pro Tag, 20 Handelstage), dann erkennt man, dass die Rückrechnung gar keinen solchen Aufwand beträgt. Solche Berechnungen sollten jedoch nur dann angestellt werden, wenn man sie über mehrere Monate hinweg durchführt. Es sollten sowohl Zeitabschnitte abgedeckt werden, in denen das Trading sehr gut gelaufen ist, als auch solche, wo man verloren hat. Führen Sie diese Berechnungen durch und schauen Sie, was für Sie am besten gewesen wäre.

Besinnen Sie sich auf Ihre Stärken

Ich habe vorher erwähnt, dass man die Stärken und Schwächen des eigenen Systems bzw. der eigenen Strategie kennen sollte. Die meisten Daytrader haben nicht nur eine einzige Strategie. Es gibt Gap-Tradingstrategien, normale Intradaystrategien und Strategien, die man kurz vor Handelsschluss verfolgt. Auch in den schlimmsten Drawdownphasen sind normalerweise nicht alle angewandten Strategien unprofitabel. Hier findet man also die in Investmentkreisen gerne angesprochenen „Diversifizierungseffekte«. Man erreicht diese in diesem Fall jedoch nicht durch die bewusste Auswahl verschiedener Titel aus verschiedenen Branchen in verschiedenen Märkten, sondern vielmehr durch die bewusste Ein- und Ausblendung der eigenen Strategien während der Drawdownphasen. Nichtsdestotrotz sollte man niemals vergessen, dass Drawdownphasen Ausnahmezustände darstellen. Man sollte die verfolgte Strategien also nicht willkürlich aus und einblenden. Sondern völlig bewusst temporär verlustbringende Strategien einstellen, sowie profitable Strategien weiterverfolgen.

Und außerdem kommt hier der bereits angesprochene Vorteil gegenüber institutionellen Investoren zum Vorschein. Man muss nämlich nicht Traden, wenn man gar nicht will. Vielleicht will einem der Markt sagen, dass nun der Augenblick für Urlaub gekommen ist. Das Trading ein paar Wochen ruhen zu lassen, kann durchaus eine sehr gute Alternative bedeuten. Trading und vor allem Daytrading ist harte Arbeit – man hat also auch einen Anspruch auf Urlaub.

Was tun mit Gewinnen, was mit Verlusten?

Natürlich sind Gewinne eine wunderschöne Sache. Verluste sind weniger schön, gehören allerdings zum Spiel, das Trading heißt, dazu, und können keinesfalls vermieden werden. Man sollte also lernen, sowohl mit Gewinnen als auch mit Verlusten umzugehen. Zum professionellen Traden gehört also auch der professionelle Umgang mit Gewinnen und Verlusten. Anfänger machen oft den Fehler, sich niemals mit Gewinnen zu belohnen, wenn es gut läuft und stellen das Trading erst dann ein, wenn Sie durch den Totalverlust dazu gezwungen werden.

Legen Sie vorher fest, wie viel Geld Sie mit Ihrem Trading verdienen wollen

Ich habe bereits mehrmals erwähnt, dass es sich bei Trading um einen ernst zu nehmenden Beruf handelt. Ganz abgesehen davon, dass man sich als Arbeiter einen Urlaub verdient hat, ist auch die Bezahlung nicht zu vergessen. Wie viel Sie verdienen wollen, sollten Sie bereits vor dem ersten Trade festgelegt haben. Natürlich ergeben sich durch diesen „Bezahlfaktor« verschiedene Problematiken. Diesen werden wir uns in diesem Teil widmen.

Man muss mit den eigenen Vorstellungen natürlich immer realistisch bleiben. Wenn Sie ein Konto mit einer Größe von 10.000 Euro traden, dann wird es kaum sinnvoll sein, dass Sie ein monatliches Einkommen von 2.000 Euro erwarten. Monat für Monat mindestens 20 Prozent zu schaffen, ist ohne zu großes Positionsrisiko kaum möglich. Nichtsdestoweniger sollten Ihre Ziele durchaus ambitioniert bleiben. Über die genaue Definition von Zielen haben wir bereits in „Die Psychologie beim Daytraden« gesprochen.

Es gibt aber auch noch andere Problematiken. Im Idealfall traden Sie Monat für Monat und haben dabei nur eine einzige Sache im Hinterkopf – Ihren Tradingplan. Das ist natürlich äußerst schwierig umzusetzen. Gerade wenn Sie sich für ein (realistisches) Gehalt entschieden haben, werden Sie versuchen zumindest dieses pro Monat zu verdienen. Je größer die Kontogröße, desto einfacher wird Ihr monatliches Einkommen zu erreichen sein bzw. die monatlich anfallenden Kosten zu decken sein.

Ein weiteres Problem bei zu kleiner Kontogröße stellt die Wachstumsbremsung dar, die der Kapitalabfluss jeden Monat bedeutet. Sollten die für Sie durch Ihre monatliche Bezahlung anfallenden „Verluste« zu groß sein, um professionelles Trading aufrecht zu erhalten, dann sollten Sie Ihre Ansprüche so lange zurückschrauben, bis Sie sich guten Gewissens selbst bezahlen können.

Es ist ein ganz elementarer Schritt beim professionellen Trading, dass man lernt, mit Gewinnen umzugehen. Man muss hier nicht mit absoluten Werten rechnen. Man könnte auch festlegen, dass man 20 Prozent seiner Gewinne jeden Monat als Gehalt ausbezahlt, 80 Prozent jedoch auf dem Konto lässt. Das stellt zwar eine durchaus schöne Balance dar, kann in schwachen Monaten jedoch absolut betrachtet nur wenige Euro betragen, die noch dazu besteuert werden müssen.

Im Idealfall haben Sie am Anfang relativ geringe Ansprüche. Sie legen einen absoluten Betrag fest, den Sie pro Monat verdienen wollen, und der Ihrem Konto nicht zu sehr weh tut. Schaffen Sie es in einem Monat mehr als diesen Betrag zu erwirtschaften, dann bezahlen Sie sich ganz einfach 20 Prozent dieser Überrendite aus und behalten 80 Prozent ein.

Jetzt hätten wir geklärt, wie man mit Gewinnen umzugehen hat. Leider zeigt uns die Realität allzu oft, dass auch Verluste zum Geschäft gehören. Wer lernt diese zu akzeptieren, wird viel besser mit ihnen leben können.

Ohne Verluste keine Gewinne

Wenn wir von Harry M. Markowitz für das Daytrading etwas mitnehmen können, dann ist es jenes Gesetz, das besagt, dass ohne zusätzliches eingegangenes Risiko keine höheren Renditen zu erzielen sind. Hohe Renditen sind aber genau das Ziel, das Daytrader verfolgen. Man kann sein Geld in Anleihen investieren, die allgemein als sehr sicher gelten, jedoch bescheidene Zinsen abwerfen, oder aber sich selbst um sein Portfolio kümmern. Hier winken hohe Renditen.

Ein ganz wichtiger Aspekt ist das Risiko. Man kann ganz einfach nicht verlangen, dass man zwar höhere Renditen einstreichen, vom Risiko jedoch verschont bleiben will. Und auch wenn einem dies verschiedenste strukturierte Produkte (Zertifikate) versprechen wollen, steckt dennoch immer eine faire Berechnung hinter diesem Konstrukt. Und glauben Sie mir eines, Banken kalkulieren eiskalt und schenken Ihnen gar nichts.

Wie sollte man also mit Verlusten umgehen? Zunächst sollte man sich ins Bewusstsein rufen, dass Verluste genauso ein Teil des Tradings sind, wie Gewinne. Wenn Sie verlieren, dann gewinnt irgendwo anders auf der Welt jemand, und natürlich der Broker. Beim Trading kommt es darauf an, dass man in Summe mehr gewonnen hat, als man verliert. Nicht die Anzahl der Gewinner ist wichtig, sondern die Summe der Gewinne.

Wenn man erst einmal eine Zeit lang getradet hat, dann merkt man, dass man in unregelmäßigen Abständen immer wieder Gewinnserien hat. In solchen Phasen steigt das Selbstvertrauen, und wenn man ehrlich ist, dann weiß man gar nicht wieso plötzlich der Erfolg da ist. Irgendwann reißt die Gewinnserie dann ab, und man beginnt zu verlieren. Auf einmal sind 8 der nächsten 10 Trades Verlierer. Man ist zwar immer noch kräftig im Plus, dennoch glaubt plötzlich irgendetwas falsch zu machen. In einem solchen Fall sollte man sich genau fragen, ob man tatsächlich etwas anders macht, als vorher, oder ob diese Verlustserie ganz einfach eine statistische Notwendigkeit darstellt. Natürlich könnte auch das Marktumfeld gerade großen Einfluss auf Ihr System haben. Das sollte keinesfalls einer Überraschung entsprechen. Nehmen Sie es zur Kenntnis und bewahren Sie einen kühlen Kopf.

Wenn sich dann tatsächlich über mehrere Tage und Wochen Verluste eingestellt haben, wird die Situation natürlich problematisch. Genau hier setzt Ihr Tradingplan an, der natürlich auch die Regeln des Money Management festlegt. Im Grunde genommen, kann nur wiederholt werden, was auf den letzten Seiten immer wieder zu lesen war. Verluste gehören zum Trading dazu. Wenn Ihr Tradingplan vorsieht, dass Sie Ihr Trading nach X Tagen mit Verlusten für X Tage einstellen um sich auf Ursachenforschung zu begeben, dann tun Sie das. Wenn Ihr Plan vorsieht, dass Sie nach X Wochen von Verlusten für X Wochen in Urlaub gehen sollten, dann tun Sie das. Tun Sie das, was Ihr Plan Ihnen sagt.

Der Schritt vom Anfänger zum Profi

Je länger man an der Börse agiert, desto mehr Erfahrung kann man sammeln. Das Lesen von Börsenbüchern beschleunigt diesen Prozess bestenfalls, kann ihn jedoch niemals vollständig ersetzen. Aus diesem Grund ist auch Papertrading nicht ganz das wahre. Bevor man jedoch mit einer neuen Software oder einem neuen Broker zu traden beginnt, sollte man sich unbedingt mit den neuen Gegebenheiten vertraut machen. Es ist unabdingbar, dass man rasch handeln kann, sollte dies die Situation erfordern. Wenn das eigene Geld auf dem Spiel steht, dann sollte man keinesfalls zum Zögern gezwungen sein, sondern genau wissen, was zu tun ist. Bevor Sie also die erste Order platzieren, sollten Sie genau wissen, wie Sie die Folgeorders für Stop-Loss und Kurszielerreichung bestimmen.

Grundsätzlich ist der Übergang vom Anfänger zum Fortgeschrittenen und in weiterer Folge zum Profi ein fließender. Um sofort zum Profi zu werden, kann man zwar seinen ursprünglichen Job einstellen und ausschließlich traden. Wie lange das gut geht, ist jedoch die Frage. Hat man nämlich erst mal sein ganzes Kapital verloren, dann kann man nicht mehr traden. Man ist also kein Trading-Profi mehr, sondern arbeitslos. Genau dies will man als Profi jedoch vermeiden. Versuchen Sie zunächst den Schritt zum fortgeschrittenen Trader und erst danach zum Profi. Das dauert zwar etwas länger, ist dafür jedoch unter Umständen wesentlich billiger und stressfreier.

Als Trader begibt man sich direkt auf den Markt von Profis. Die besten Trader der Welt versuchen an den internationalen Märkten Geld zu verdienen. Und man tritt von der ersten Sekunde weg gegen sie an. Wenn Sie wissen wollen, wie auch Sie zu den besten gehören können, dann sollten Sie sich die Frage stellen, was die Trader wohl tun, um ihren Platz ganz oben zu verteidigen. Diesen Tradern steht in aller erster Linie die notwendige Infrastruktur zu Verfügung. Natürlich sind keine 15 Monitore notwendig um professionelles Trading betreiben zu können. Aber weniger als 3 (bei großen Screens meinetwegen 2) sollten es dennoch nicht sein. Dazu sollte die Internetverbindung stabil sein. Wenn man nicht über den Laptop tradet, dann sollte man einen solchen als Back-Up immer zur Stelle haben. Der Akku dieses Notebooks sollte überdies immer voll sein. Das hilft einem im Falle eines Stromausfalls. Wenn mal die Internetverbindung weg ist, dann sollte man unbedingt einen Plan B haben. Im Notfall muss man über UMTS oder GPRS ins Internet. Das ist zwar teuer – kann einem aber vor größeren Verlusten bewahren. Profis lassen sich jedenfalls von Strom und Internetproblemen nicht unterkriegen. Genau diese Probleme wurden ausführlicher bereits im Kapitel „Der Handelstag« besprochen.

Natürlich zeichnet Profi-Trader eine weitere Eigenschaft aus. Nämlich die Weiterbildung. Während professionelle Sportler Tag für Tag fleißig trainieren, ihren Tagesablauf auf das Training und die Wettkämpfe ausgerichtet haben, und auch ihren ganzen Lebenswandel auf den Job abgestimmt haben, ist dies auch bei Tradern nicht anders. Es gilt sich permanent fortzubilden. Ob dies nun im Zuge von Seminaren, Büchern, oder Fachartikeln geschieht, ist dabei Nebensache. Weiterbildung muss in Zeiten des Internets nicht einmal unbedingt teuer sein. Man sollte sich aber auf jeden Fall die Zeit nehmen. Und eine weitere Parallele zu Sportlern ist außerdem zu nennen. Es gibt Zeiten der Belastung und auch Zeiten der Ruhephasen. Solche Ruhephasen sind auch für Trader ganz wichtig. Ab und zu sollte man den Markt Markt sein lassen und ganz einfach abschalten. Gerade als Daytrader hat man dazu die Möglichkeit. Denn keine Position wird über Nacht gehalten.

Wie man erkennen kann, ist der Tagesablauf eines professionellen Traders ziemlich durchgeplant. Rechtzeitig vor Markteröffnung aufstehen und sich über das aktuelle Geschehen informieren, die eigenen Analysen und Watchlist bearbeiten, die Markteröffnung abwarten, möglicherweise die ersten Positionen eingehen, auf weitere Tradingmöglichkeit warten, die ersten Positionen womöglich wieder schließen, alle Orders platzieren, Mittagessen, den Markt weiter beobachten, Analysen erstellen, die offenen Positionen im Auge behalten, den Marktschluss beobachten, die offenen Position schließen, den nachbörslichen Handel beobachten, den Tradingtag Revue passieren lassen, Analysen erstellen und die Watchlist für den nächsten Handelstag vorbereiten.

Und auch wenn die Liste von Dingen lang ist, die professionelle Trader, von fortgeschrittenen unterscheidet, ist doch immer wieder ein gemeinsamer Nenner zu finden. Die Disziplin. Ohne Disziplin geht gar nichts. Vor allem nicht in solch einem kurzlebigen Geschäft wie der Tradingbranche.

Die bittere Realität

Der Titel dieses Abschnitts klingt jetzt vielleicht ein wenig hart. Er soll aber stellvertretend dafür stehen, dass Trading kein Spiel ist. Beim Trading lässt man Geld für sich arbeiten. Man lässt Geld nicht für sich spielen. Und auch wenn die isolierte Betrachtung des Risikokapitals ein ganz wichtiger Schritt in die richtige Richtung ist, nämlich das Verluste als Teil des Tradings angesehen werden und nicht eine persönliche Attacke des Marktes darstellen, sollte man nicht zu leichtfertig mit Verlusten umgehen. Verluste gehören zwar dazu, und man muss sie als das betrachten, was sie sind, nämlich eine Notwendigkeit. Man sollte aber keinesfalls mit Gleichgültigkeit auf Verluste reagieren. Vor allem wenn die Verluste ein bestimmtes Ausmaß annehmen.

Ich werde hier nicht müde zu betonen, dass Daytrader ein Beruf ist. Wir haben in den vorangegangenen Kapiteln ausführlich darüber gesprochen, wie man sich möglichst professionelle Strukturen schaffen kann, die einem zwar nicht unmittelbar dabei helfen Gewinne zu realisieren, einen aber zumindest vor unnötigen Verlusten bzw. bösen Überraschungen bewahren können.

Die Psychologie beim Trading nimmt einen ganz wichtigen Stellenwert ein. Es ist auf gar keinen Fall dienlich, wenn man Daytrading als pure Freizeitbeschäftigung ansieht. Für viele ist Trading zu Beginn ein Hobby. Will man aber als Daytrader sein Geld verdienen, dann wird aus diesem Hobby eine Profession. Und man sollte in jener Zeit, in der man tatsächlich an den Märkten agiert mit vollstem Engagement bei der Sache sein.